신나는 프랑스어

김선미 · 우선주 · 원승재 공저

머리말

세계화 시대를 살아가는 우리에게 있어 외국어 능력의 중요성은 아무리 강조해도 지나치지 않을 것입니다. 각자가 원하는 분야에 진출하여 꿈을 이루고 일정한 역할을 하기 위해서는 해당 언어의 능력이 가장 우선적으로 요구됩니다. 또한, 이제는 전 세계적 현상이 되어버린 K-culture의 영향력은 한국 인재들이 세계 시장에 진출하는데 가장 주목받고 있는 판로가 되었습니다. 특히, 유럽에서 K-culture는 다른 대륙에서보다 더욱 열광적인 사랑을 받고 있으며 그 중심에 프랑스가 있습니다. 프랑스어가 전 세계 40여 개국에서 사용되고, UN의 공식 언어이며, 문화 · 예술 · 경제적인 측면 등에서 중요한 역할을 하고 있다는 사실은 이미 알려진 사실입니다. 이런 이유들만으로도 프랑스어는 학습할 가치가 충분히 있습니다. 더욱이 K-culture의 위력으로 한국과 프랑스간의 교류는 더욱 활발하고 다양한 방식으로 진화되고 있어 프랑스어 능력을 갖춘 인재의 수요는 많은 분야에서 급증하고 있습니다. 이러한 사실은 우리가 프랑스어를 학습해야 하는 필요성과 그 가치를 다시 한번 고려해보아야 하는 이유를 분명하게 말해주고 있습니다.

본서는 프랑스어를 처음 접하는 학습자들과 기초적인 수준의 학습자들이 재미있게 그리고 '신나게' 기본 문법과 어휘를 탄탄히 다지면서 회화에 접근할 수 있도록 단계적이면서 효율적인 방법으로 내용을 구성하였습니다.

본서는 크게 총 세 파트로 이루어져 있습니다. 먼저 기초 회화에 필요한 기본적인 필수 문법들을 정리한 '문법 파트'가 있고, 이를 실제 상황에 적용 및 활용할 수 있는 '회화 파트'가 주어져 있습니다. 회화 파트는 다시 네 단계로 구분해 놓아 학습자들이 단계별로 충분히 연습하여 실제 상황에서 자유자재로 의사소통할 수 있도록 하였습니다. 마지막으로 문법과 회화의 내용을 다시 점검할 수 있도록 '연습문제 파트'를 수록하였습니다.

앞으로 프랑스어 능력자가 되실 여러분들에게 이 책이 첫 단추가 되기를 진심으로 바라며, 마지막으로 출판을 맡아주신 신아사의 정현걸 사장님과 프랑스어 녹음과 수정에 도움을 준 Sebastien LORQUET, Rita Panetta, Solleap OH에게도 진심으로 고마운 마음을 전합니다.

2023. 1.

김선미, 우선주, 원승재

목 차

0. 알파벳과 발음 / 8

I. 문법 / 15

II. 회화 / 57

III. 문제풀이 / 137

IV. 정답 / 159

V. 프랑스 산책 / 169

신나는 프랑스어

0. 알파벳과 발음

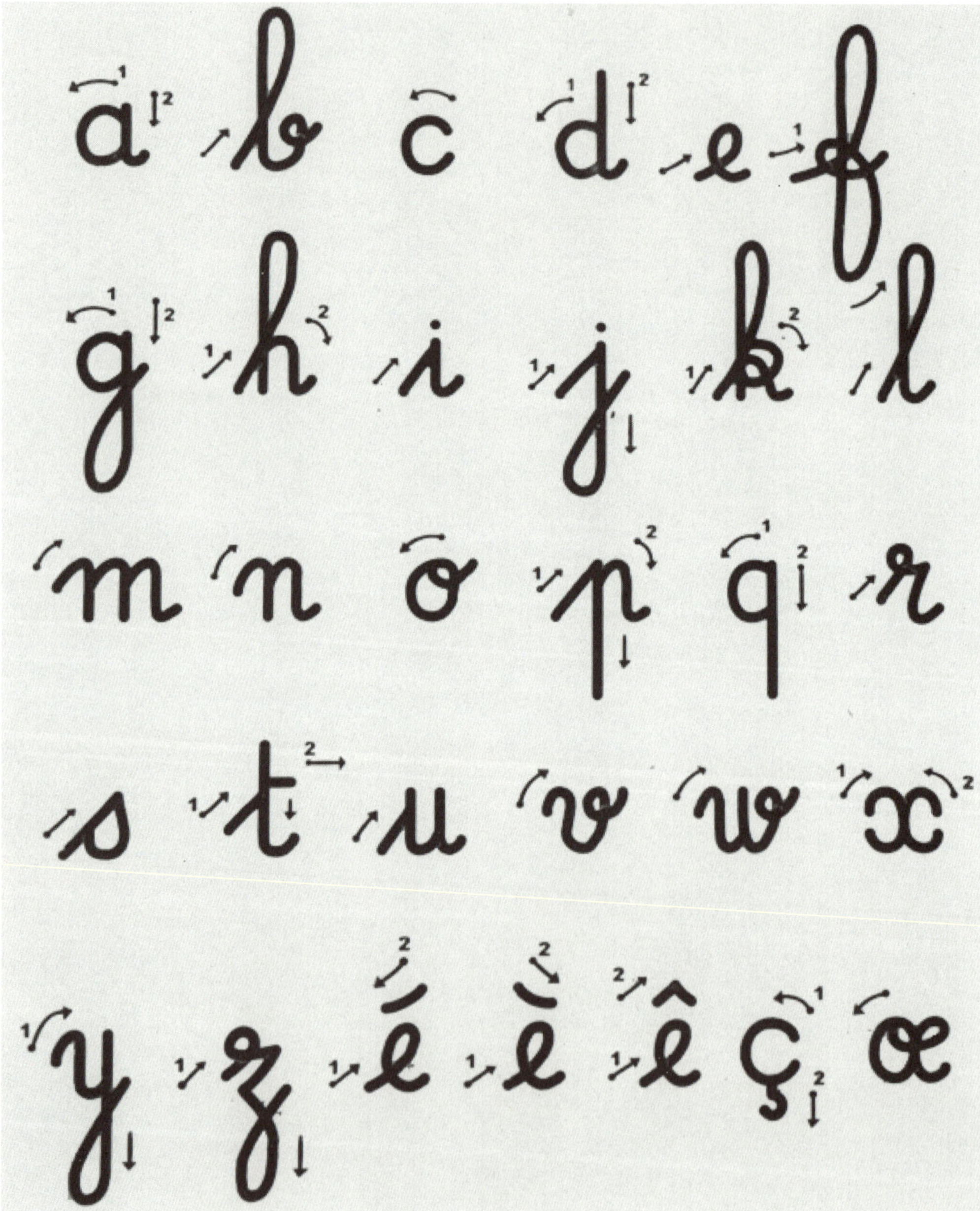

■ 알파벳

A	[a] /아/	N	[ɛn] /엔/
B	[be] /베/	O	[o] /오/
C	[se] /쎄/	P	[pe] /뻬/
D	[de] /데/	Q	[ky] /뀌/
E	[ə] /으/	R	[ɛ:R] /에~흐/
F	[ɛf] /에프/	S	[ɛS] /에쓰/
G	[ʒe] /줴/	T	[te] /떼/
H	[aʃ] /아슈/	U	[y] /위/
I	[i] /이/	V	[ve] /베/
J	[ʒi] /쥐/	W	[dubləve] /두블르베/
K	[ka] /꺄/	X	[iks] /익쓰/
L	[ɛl] /엘/	Y	[igRɛk] /이그헥/
M	[ɛm] /엠/	Z	[zɛd] /제드/

■ 발 음

〈모음〉

1. 단순모음

발 음	철자	보 기
[i] /이/ *양 입술 끝을 좌우로 당겨 내는 소리	i î ï y	ici 여기, 이곳 île 섬 maïs 옥수수 type 유형
[e] /에/ *입술을 양쪽으로 당겨 소리 내는 닫힌 음	e é er	et 그리고 été 여름 aimer 좋아하다
[ɛ] /에/ *입을 벌려 소리 내는 열린 음	e è ê ai/aî ay ei	elle 그녀 mère 어머니 fête 파티 mais 그러나 rayon 빛 reine 여왕
[a] /아/ *입 앞에서 내는 음	a à	ami 친구 là 저기, 거기
[ɑ] /아/ *입을 크게 벌려 목구멍에서 내는 음	a â	repas 식사 âme 영혼
[ɔ] /오/ *[오]와 [어]의 중간 음	o au	robe 원피스 Paul 뽈
[o] /오/ *[ɔ] 보다 입을 작게 해서 내는 음	o ô au eau	rose 장미 tôt 일찍 autre 다른 eau 물
[u] /우/ *입은 앞으로 내밀고 입술은 거의 닫힌 상태에서 내는 음	ou oû	jour 날, 하루 goût 미각, 입맛

2. 복합모음

발음	철자	보기
[y] /위/ *입모양을 '우'로 고정하고 [이]소리 내는 음	u û	futur 미래 flûte 플루트
[Ø] /으/ *입모양을 '우'로 고정하고 [으]소리 내는 음	eu eû œu	bleu 푸른색 jeûne 금식 vœu 기원
[œ] /웨/ *입[으]의 모양을 '우'로 고정하고 [에]소리 내는 음	eu œu	neuf 숫자 9 sœur 여자형제
[ə] /으/ */어/와 /으/의 중간음	e	petit 작은

3. 비모음

발음	철자	보기
[ɑ̃] /엉/	an am en em	santé 건강 chambre 방 enfant 어린이 ensemble 함께
[ɛ̃] /앵/ * [앙]에 가까운 [앵]소리 내는 음	in im ym ain ein en	vin 와인 simple 단순한, 간단한 symphonie 교향악 demain 내일 peintre 화가 coréen 한국인, 한국어
[ɔ̃] /옹/	on om	oncle 삼촌 nom 성
[œ̃] /앵/	un um	lundi 월요일 parfum 향수

〈자음〉

발음	철자	보기
[b] /ㅂ/	b bb	bas 낮은 abbaye 수도원
[p] /ㅃ/	p pp	porte 문 appartement 아파트
[f] /ㅍ/	f ff ph	fille 딸, 소녀 affreux 끔찍한, 무서운 philosophie 철학
[v] /ㅂ/	v	vie 인생
[m] /ㅁ/	m mm	madame 부인 comment 어떻게
[n] /ㄴ/	n nn	nature 자연 coréenne 한국인 여자
[d] /ㄷ/	d	dent 치아
[l] /ㄹ/	l ll	livre 책 elle 그녀
[r] /ㅎ/	r rr	soir 저녁 guerre 전쟁
[t] /ㄸ/	t tt th	ton 너의 lettre 편지 théâtre 연극
[k] /ㄲ/	c k ch cc q qu	café 커피 ski 스키 chaos 혼돈 occupé 바쁜, 점유된 cinq 숫자 5 coq 수탉 qui 누가
	c ç s	ce 이것, 저것, 그것 français 프랑스인, 프랑스어 si 만약

[s] /ㅆ/	sc ss x ti	scène 무대 dessert 디저트 dix 숫자 10 situation 상황
[ʃ] /슈/	ch	chat 고양이
[g] /ㄱ/	g gu	gare 기차역 guitare 기타
[ʒ] /ㅈ/	g j	gentil 친절한 joli 예쁜, 귀여운
[z] /ㅈ/	z s	bizarre 이상한 maison 집, 주택
[ɲ] /뉴/	gn	champagne 샴페인

꼭 알아둘 몇 가지 발음 규칙

1. 철자 h

h는 발음하지 않으나 [무음 h]와 [유음 h]로 구분하여 문법상 달리 취급한다. [무음 h]는 앞의 단어와 연독이 되고, [유음 h] (프랑스어 사전에 특수문자 '†'가 h 앞에 표시되어 있음)는 연독이 안 된다.

[무음 h] : l'homme [롬므]

[유음 h] : le héros [르 에호]

2. 단어 끝의 자음

단어의 끝 자음은 보통 발음되지 않는다. 단 c, r, f, l, q는 예외로서 발음될 때가 흔히 있다.

ex) chic [쉬끄], mer [메-흐], neuf [뇌프], normal [노흐말], cinq [쌩끄]

3. 중자음

ll, rr, ss, tt 따위의 중자음은 보통 자음 하나와 마찬가지로 발음된다.

ex) elle [엘르], pomme [뽐므], attaque [아따끄]

■ 연독법

단어의 마지막 자음은 보통 발음하지 않지만, 다음 단어가 모음 또는 무음 h로 시작되면 다음 단어와 연독하여 이어서 읽는다.

① 관사‿(형용사)‿명사로 이어질 때

ex) C'es**t**‿**u**n peti**t**‿**a**ppartement. [쎄‿떵 쁘띠‿따빠흐뜨멍]

② 인칭대명사‿모음으로 시작되는 동사가 이어질 때

ex) Vou**s**‿**ê**tes mo**n**‿**a**mi depuis si**x**‿**a**ns. [부‿제뜨 모나미 드쀠이 씨‿졍]

└, 's' → [z]로 연음. └, 'x'→ [z]로 연음됨.

③ 연음은 단어들의 전후 조합에 따라 발음에 변화를 가져오기도 하는데, 관사(un, des)는 모음 또는 무음 h로 시작되는 명사와는 반드시 연음한다.

ex) **un h**omme [어‿놈므] (엉옴므 ×)

des hommes [데‿좀므] (데 옴×)

└, 's'→ [z]로 연음.

주의! et (접속사) + 모음은 연음을 안 한다.

ex) un livre et une table [엉 리브흐 에 윈 따블르]

I. 문법

Grammaire

Grammaire

1. 명사의 성과 수

프랑스어의 모든 명사는 남성 혹은 여성으로 구분된다.

[1] 명사의 성

1) 생물명사의 성은 대부분 자연성을 따른다.

남성	여성
père 아버지 homme 남자 coq 수탉	mère 어머니 femme 여자 poule 암탉

2) 사물명사의 성은 문법성을 따른다.

남성	여성
crayon 연필 café 커피 chocolat 초코렛	table 테이블 maison 집 baguette 바게트

[2] 명사의 여성형 만들기

1) 남녀 양성을 가진 명사는 여성형을 만들어 사용한다. 일반적인 규칙은 다음과 같다.

	남성	여성
남성명사의 어미에 e를 붙인다.	étudiant 학생 ami 친구	étudiante amie
남성 명사가 e로 끝나는 것은 그대로 여성형이 된다.	artiste 예술가 secrétaire 비서	artiste secrétaire

2) 그 외 변칙은 다음과 같다.

	남성	여성
-er의 어미는 -ère가 된다.	boulanger 빵집 주인 cuisinier 요리사	boulang**ère** cuisini**ère**
-n,-t의 어미는 –nne,-tte가 된다.	musicien 음악가 coréen 한국사람 chat 고양이	musicie**nne** coré**enne** cha**tte**
-f의 어미는 -ve가 된다.	veuf 홀아비	veu**ve** 과부
-x의 어미는 -se가 된다.	époux 배우자 ambitieux 야심가	épou**se** ambitieu**se**
-eur의 어미는 –euse, -rice가 된다.	chanteur 가수 acteur 배우	chant**euse** act**rice**

[3] 명사의 수

명사의 수는 단수와 복수로 나뉜다.

1) 명사의 복수형을 만드는 일반적인 규칙은 단수형에 -s를 붙인다.

단수	복수
père 아버지 voiture 자동차 pomme 사과	père**s** voiture**s** pomme**s**

2) 그 외 변칙은 다음과 같다.

	단수	복수
-s, -x, -z로 끝나면 그대로 둔다.	repas 식사 voix 목소리 nez 코	repas voix nez
-eau, -eu로 끝나면 -eaux, -eux가 된다.	château 성 bateau 배 cheveu 머리카락 jeu 놀이	château**x** bateau**x** cheveu**x** jeu**x**
-al로 끝나면 –aux가 된다.	animal 동물 journal 신문	anim**aux** journ**aux**

bal, festival, carnaval처럼 외래어의 경우는 –s를 붙여 복수형을 만든다.
(bals, festivals, carnavals)

2. 관사

프랑스어의 관사는 형태와 용법에 따라 부정관사, 정관사, 부분관사로 구분되며 명사의 성과 수에 따라 형태가 변화한다.

[1] 부정관사

부정관사는 셀 수 있는 명사, 불특정 명사 앞에 쓰인다. 영어의 'a, an'에 해당하며 '어느 하나' 혹은 '여럿'을 의미한다.

남성 단수	여성 단수	남성, 여성 복수
un	une	des
un livre 책 un étudiant 남학생	une table 테이블 une étudiante 여학생	des livres, des tables des étudiants, des étudiantes

ex) Voici un livre. 여기 책 한권이 있다.
Voici des enfants. 여기 아이들이 있다.

[2] 정관사

정관사는 앞에 나온 명사를 다시 받거나 한정된 특정 명사 또는 총체적인 대상이나 세상의 유일한 것을 나타내는 명사 앞에 사용한다. 영어의 'the'에 해당한다.

남성 단수	여성 단수	남성, 여성 복수
le (l')	la (l')	les
le garçon 소년 l'ami 남자 친구 l'homme 남자	la fille 소녀 l'amie 여자 친구 l'histoire 이야기	les garçons, les filles les amis, les amies les hommes, les histoires

le, la는 모음이나 무음 h로 시작되는 명사 앞에서 l'로 축약된다.

ex) **Une** étudiante est là. **L'**étudiante est jolie. (앞에 나온 명사를 다시 받음)
여학생 한명이 저기에 있다. 그 여학생은 예쁘다.

Voici **la** maison de Hugo. (한정된 특정 명사 앞) 여기에 위고의 집이 있다.
J'aime **le** café. (총칭적인 의미) 나는 커피를 좋아한다.
le soleil, **la** lune (세상의 유일한 것) 태양, 달
Les Vincent (가족을 표시) 벵쌍씨 가족

[3] 부분관사

부분관사는 셀 수 없는 물질명사나 추상명사 또는 전체 중 '일부, 약간의' 라는 부분을 나타내는 명사 앞에 쓰인다.

남성 단수	여성 단수	복수 (남성・여성 공통)
du (de l')	de la (de l')	des
du lait 우유 du courage 용기 de l'huile 기름 de l'argent 돈	de la bière 맥주 de la chance 행운 de l'eau 물 de l'ambition 야심	des fruits 과일 des légumes 채소

du, de la는 모음이나 무음 h로 시작되는 명사 앞에서 de l' 로 축약된다.

ex) J'achète **du** pain et **de la** confiture. (전체의 '일부' 또는 '약간'의 의미)
나는 빵과 잼을 산다.
Il y a **du** soleil. (셀 수 없는 명사 앞) 해가 난다.
Tu as **de la** chance ! (추상 명사 앞) 너는 운이 참 좋구나!

[4] 관사의 축약

정관사는 전치사 à 또는 de 함께 사용될 때 다음과 같이 축약된다.

전치사 + 정관사	단축형태	보기
à + le à l'	au à l'	Je suis **au** café. 나는 커피숍에 있다. Je suis **à l'**hôtel. 나는 호텔에 있다.
à + la à l'	à la à l'	Tu es **à la** piscine. 너는 수영장에 있다. Tu es **à l'**école. 너는 학교에 있다.
à + les	aux	Il est **aux** Champs-Elysées. 그는 샹젤리제에 있다.
de + le de l'	du de l'	C'est le chien **du** voisin. 이것은 이웃집 남자의 강아지이다. C'est le chien **de l'**oncle. 이것은 삼촌의 강아지이다.
de + la de l'	de la de l'	C'est la porte **de la** banque. 이것은 은행의 문이다. C'est la porte **de l'**école. 이것은 학교의 문이다.
de + les	des	Ce sont les sacs **des** élèves. 이것들은 학생들의 가방들이다.

3. 주어인칭대명사와 강세형인칭대명사

[1] 주어인칭대명사

주어인칭대명사는 사람 · 동물 · 사물을 받아 동사의 주어 역할을 한다.

	1인칭	2인칭	3인칭 남성	3인칭 여성
단수	je (j') 나는	tu 너는	il 그는	elle 그녀는
복수	nous 우리들은	vous 너희들은, 당신은, 당신들은	ils 그들은	elles 그녀들은

1) je는 모음이나 무음 h로 시작되는 단어 앞에서 j'로 축약된다.

ex) **J'**ai un chien. 나는 강아지 한 마리가 있다.
J'habite à Paris. 나는 파리에 산다.

2) 2인칭 단수 tu는 가족이나 친구와 같이 친한 사이이거나 또는 나이 차이가 있어도 잘 아는 사이일 때 사용한다.

3) vous는 tu의 복수형으로 '너희들'로 사용하기도 하고 존칭으로 '당신, 당신들'의 의미로 사용한다.

4) 프랑스어에는 사물에도 남성과 여성이 있기 때문에 3인칭 il, elle, ils, elles은 사람 이외에도 사물을 받아서 '그것은, 그것들은'의 의미로 사용한다.

ex) J'aime la jupe. **Elle** est jolie.
나는 치마를 좋아한다. 그것은 예쁘다.
Elle achète un sac. **Il** est trop petit.
그녀는 가방을 산다. 그것은 너무 작다.

[2] 강세형 인칭대명사

강세형 인칭대명사의 형태는 다음과 같다.

	1인칭	2인칭	3인칭 남성	3인칭 여성
단수	moi 나	toi 너	lui 그	elle 그녀
복수	nous 우리들	vous 너희들, 당신, 당신들	eux 그들	elles 그녀들

1) 인칭대명사를 강조한다.

ex) **Moi**, je suis française. 나, 나는 프랑스 사람이다.
Elle, elle est étudiante. 그녀, 그녀는 학생이다.

2) c'est와 함께 쓰인다.

ex) C'est **toi** ? 너니?
Oui, c'est **moi**. 응, 나야.

3) 전치사 뒤에서 사용한다. (avec, pour, de, à ~)

ex) Elle est toujours avec **eux**. 그녀는 항상 그들과 함께 있다.
Il travaille pour **vous**. 그는 당신을 위해 일한다.

4) 접속사 et와 함께 사용한다.

ex) Pierre et **moi**, nous habitons ensemble.
피에르와 나, 우리는 함께 산다.
Sylvie et **toi**, vous êtes grandes.
실비와 너, 너희들은 키가 크다.

Grammaire

4. 동사

프랑스어 동사는 인칭에 따른 동사 어미의 변화형에 따라 3개의 그룹으로 나뉜다. 1군과 2군은 동사 어미가 규칙적으로 변화하고, 3군은 동사 어미가 불규칙하게 변화한다.

[1] 1군 규칙동사

동사의 어미가 –er로 끝나는 동사를 1군 규칙동사라 하며 동사의 어미변화는 다음과 같다.

je tu il/elle	-e -es -e	nous vous ils/elles	-ons -ez -ent

▸ 1군 규칙동사의 현재 변화형

	parler 말하다	écouter 듣다	habiter 살다
je(j')	parl**e**	j'écout**e**	j'habit**e**
tu	parl**es**	écout**es**	habit**es**
il/elle	parl**e**	écout**e**	habit**e**
nous	parl**ons**	écout**ons**	habit**ons**
vous	parl**ez**	écout**ez**	habit**ez**
ils/elles	parl**ent**	écout**ent**	habit**ent**

1) je는 뒤에 모음이나 무음 h로 시작되는 동사가 오면 j'로 축약된다.

ex) **J'**adore la musique. 나는 음악을 아주 좋아한다.
J'habite avec Sylvie. 나는 실비와 함께 산다.

2) 1인칭, 2인칭, 3인칭 단수어미와 3인칭 복수어미는 발음하지 않는다. (-e, -es, -e, -ent)

3) nous, vous, ils, elles은 s가 연음된다.

ex) Nous‿aimons Paris. 우리는 파리를 좋아한다.
Ils‿habitent à Milan. 그들은 밀라노에 산다.

[2] 2군 규칙동사

동사의 어미가 -ir로 끝나는 동사를 2군 규칙동사라 하며 동사의 어미변화는 다음과 같다.

je tu il/elle	-is -is -it	nous vous ils/elles	-issons -issez -issent

▸ 2군 규칙동사의 현재 변화형

	finir 끝내다	choisir 선택하다	réfléchir 숙고하다
je (j')	fin**is**	chois**is**	réfléch**is**
tu	fin**is**	chois**is**	réfléch**is**
il/elle	fin**it**	chois**it**	réfléch**it**
nous	fin**issons**	chois**issons**	réfléch**issons**
vous	fin**issez**	chois**issez**	réfléch**issez**
ils/elles	fin**issent**	chois**issent**	réfléch**issent**

1) nous, vous, ils, elles은 각 인칭의 어미 앞에 –iss를 붙인다. 3인칭 복수의 어미 –ent는 발음하지 않는다.

ex) Nous **finissons** nos devoirs. 우리는 우리의 숙제를 끝낸다.
Ils **choisissent** des livres. 그들은 책들을 고른다.

2) 여성형 형용사에서 파생된 동사들도 있다.

남성형 형용사	여성형 형용사	2군 규칙동사
gros 뚱뚱한 vieux 늙은 maigre 마른	grosse vieille maigre	grossir 살찌다 vieillir 늙다 maigrir 야위다

3) –ir로 끝나는 동사 중에는 3군 불규칙 동사들도 있다.

	partir 떠나다	sortir 나가다	dormir 자다
je (j')	pars	sors	dors
tu	pars	sors	dors
il/elle	part	sort	dort
nous	partons	sortons	dormons
vous	partez	sortez	dormez
ils/elles	partent	sortent	dorment

[3] 3군 불규칙동사

동사원형의 어미가 -re, -oir로 끝나는 모든 동사와 -ir로 끝나는 일부 동사들을 3군 불규칙 동사라 한다. (예외적으로 aller는 3군 불규칙 동사에 속한다.)

▸ 자주 사용되는 3군 불규칙동사

	voir 보다	attendre 기다리다	lire읽다	faire 하다	dire 말하다
je (j')	vois	attends	lis	fais	dis
tu	vois	attends	lis	fais	dis
il/elle	voit	attend	lit	fait	dit
nous	voyons	attendons	lisons	faisons	disons
vous	voyez	attendez	lisez	faites	dites
ils/elles	voient	attendent	lisent	font	disent

ex) J'**attends** mon ami devant le cinéma. 나는 영화관 앞에서 내 친구를 기다린다.
Je **fais** du sport. 나는 운동을 한다.

	prendre 잡다	écrire 쓰다	venir 오다	connaître 알다	savoir 알다
je (j')	prends	écris	viens	connais	sais
tu	prends	écris	viens	connais	sais
il/elle	prend	écrit	vient	connaît	sait
nous	prenons	écrivons	venons	connaissons	savons
vous	prenez	écrivez	venez	connaissez	savez
ils/elles	prennent	écrivent	viennent	connaissent	savent

ex) Je **connais** Paul. 나는 뽈을 안다.
Nous **savons** nager. 우리는 수영할 줄 안다.

[4] être 동사

3군 불규칙동사 être는 영어의 be 동사에 해당되는 동사로 '~이다, ~이 있다'의 의미로 사용한다.

je	suis	nous	sommes
tu	es	vous	êtes
il	est	ils	sont
elle	est	elles	sont

1) 형용사 또는 명사와 함께 쓰인다.

ex) Elle **est** jolie. 그녀는 예쁘다.
Il **est** français. 그는 프랑스 사람이다.

2) 부사 또는 전치사와 함께 쓰인다.

ex) Il **est** dans la classe. 그는 교실 안에 있다.
Je **suis** là ! 나 여기 있어!

[5] avoir 동사

3군 불규칙동사 avoir는 영어의 have 동사에 해당되는 동사로 '~을 가지다'라는 의미 이외에도 다양한 뜻으로 사용된다.

j' tu il elle	ai as a a	nous vous ils elles	avons avez ont ont

1) 소유를 나타낸다.

ex) Vous **avez** des enfants. 당신은 아이들이 있다.
Elle **a** le téléphone portable. 그녀는 핸드폰을 가지고 있다.

2) 나이를 표현한다.

ex) J'**ai** vingt ans. 나는 20살이다.
Sophie **a** dix ans. 소피는 10살이다.

3) avoir 동사의 다양한 구문

avoir mal à + 정관사 + 신체명사 ~가 아프다	J'ai mal à la tête. 나는 머리가 아프다. J'ai mal au ventre. 나는 배가 아프다.
avoir + 명사	J'ai chaud. 나는 덥다. J'ai faim. 나는 배고프다. J'ai soif. 나는 목마르다. J'ai peur. 나는 무섭다. J'ai sommeil. 나는 졸음이 온다. J'ai raison. 내가 옳다. J'ai tort. 내가 틀리다.
avoir + besoin de ~이 필요하다 avoir + envie de ~하고 싶다	J'ai besoin d'une voiture. 나는 차 한 대가 필요하다. J'ai envie d'un café. 나는 커피 한잔을 마시고 싶다.

5. 의문문

의문사가 없는 의문문 만드는 세 가지 형태는 다음과 같다.

[1] 세 가지 형태의 의문문

1) 억양을 이용한다. 긍정문 + **?** ↗ (억양상승).

ex) Tu es italien **?** ↗ 너는 이탈리아 사람이니?
Elle est professeur **?** ↗ 그녀는 선생님입니까?

2) 의문형태소 Est-ce que (qu')를 문장 앞에 둔다.

ex) **Est-ce que** vous êtes au cinéma ? 당신은 영화관에 있습니까?
Est-ce qu'elle est avec Paul ? 그녀는 뽈과 함께 있습니까?

que는 모음이나 무음 h로 시작하는 단어 앞에서 축약되어 qu'가 된다.

3) 주어와 동사를 도치한다.

▸ 주어가 대명사인 경우

ex) Vous êtes espagnol. → **Êtes-vous** espagnol ?
당신은 스페인 사람입니까?
C'est une pizza. → **Est-ce** une pizza ?
이것은 피자입니까?
Il aime le sport. → **Aime-t-il** le sport ?
그는 운동을 좋아합니까?
Elle étudie beaucoup. → **Étudie-t-elle** beaucoup ?
그녀는 공부를 많이 합니까?

주어와 동사를 도치할 경우 동사와 주어 사이에 '–'을 붙인다.
3인칭 단수 동사가 모음으로 끝난 경우 모음충돌을 피하기 위해 동사와 주어 사이에 '-t-'를 붙인다.

▸ 주어가 명사인 경우

주어와 동사를 직접 도치할 수 없고 주어의 인칭에 맞는 인칭대명사를 동사 뒤에 붙여 주어야 한다.

ex) Est-Eric français ? (×) → Eric est-**il** français ? (○)
에릭은 프랑스 사람입니까?

Travaille-Marie au café ? (×) → Marie travaille-t-**elle** au café ? (○)
마리는 카페에서 일을 합니까?

[2] 의문문에 대한 대답

1) 긍정의 대답 : oui

ex) Etes-vous avocat ? 당신은 변호사입니까?
Oui, je suis avocat. 네, 저는 변호사입니다.

2) 부정의 대답 : non

ex) Est-ce qu'elle est ? 그녀는 미혼입니까?
Non, elle est mariée. 아니요, 그녀는 결혼했어요.

3) 부정의문문에 대한 긍정의 대답 : si

ex) Vous n'êtes pas étudiante ? 당신은 학생이 아닙니까?
Si, je suis étudiante. 아니요, 저는 학생입니다.

6. 부정문

부정문이란 부정의 부사를 사용하여 상태나 행위를 부정하는 구문을 말한다.

[1] 형태

동사 앞에 ne 동사 뒤에 pas를 붙인다.

ne (n') + 동사 + pas

être ~이다	avoir ~을 가지다	parler 말하다
je **ne** suis **pas**	je **n'**ai **pas**	je **ne** parle **pas**
tu **n'**es **pas**	tu **n'**as **pas**	tu **ne** parles **pas**
il **n'**est **pas**	il **n'**a **pas**	il **ne** parle **pas**
elle **n'**est **pas**	elle **n'**a **pas**	elle **ne** parle **pas**
nous **ne** sommes **pas**	nous **n'**avons **pas**	nous **ne** parlons **pas**
vous **n'**êtes **pas**	vous **n'**avez **pas**	vous **ne** parlez **pas**
ils **ne** sont **pas**	ils **n'**ont **pas**	ils **ne** parlent **pas**
elles **ne** sont **pas**	elles **n'**ont **pas**	elles **ne** parlent **pas**

ne는 모음이나 무음 h로 시작하는 동사 앞에서 n'로 축약된다.

1) 주어 + ne + 동사 + pas 형은 '~이 아니다'라는 의미의 가장 대표적인 부정문이다.

ex) Je **ne** regarde **pas** la tour Eiffel. 나는 에펠탑을 보지 않는다.
Nous **ne** travaillons **pas** le week-end. 우리들은 주말에 일을 하지 않는다.

2) 이 외에도 다음과 같은 다양한 의미의 부정문이 있다.

ne ~ jamais 결코 ~ 아니다	Je **ne** mange **jamais** la nuit. 나는 결코 밤에 먹지 않는다.
ne ~ plus 더 이상 ~아니다	Elle **n'**étudie **plus** l'anglais. 그녀는 더 이상 영어를 공부하지 않는다.
ne ~ ni ~ ni ~도~도 아니다	Elle **n'**est **ni** belle **ni** aimable. 그녀는 예쁘지도 사랑스럽지도 않다.

[2] 부정의 de

1) 부정관사와 부분관사 (un, une, des / du, de la, des)는 부정문에서 부정의 de로 바뀐다.

긍정문	부정문
J'ai un crayon. 나는 연필 하나를 가지고 있다.	Je n'ai pas **de** crayon.
J'ai des amis. 나는 친구들이 있다.	Je n'ai pas **d'**amis.
Ils mangent du pain. 그들은 빵을 먹는다.	Ils ne mangent pas **de** pain.

2) être 동사가 쓰인 부정문에서는 부정의 de로 바뀌지 않는다.

ex) C'est une voiture allemande. → Ce n'est pas une voiture allemande.
이것은 독일 자동차가 아니다.
Ce sont des gommes. → Ce ne sont pas des gommes.
이것들은 지우개가 아니다.

3) 정관사는 부정문에서 변화하지 않는다.

ex) J'aime le lait. → Je n'aime pas le lait.
나는 우유를 좋아하지 않는다.

7. 품질형용사

품질형용사는 명사와 대명사의 성질, 상태, 색깔, 형태 등을 나타내며 수식하는 명사나 대명사의 성과 수에 일치시킨다.

[1] 형용사의 여성형 만들기

1) 형용사의 여성형 만드는 일반적인 규칙은 다음과 같다.

	남성	여성
남성 단수 형용사의 어미에 -e를 붙인다.	petit 작은 grand 큰	petite grand**e**
남성 단수 형용사가 -e로 끝나는 것은 그대로 여성형이 된다.	libre 자유로운 facile 쉬운	libre facile

2) 그 외 다른 규칙은 다음과 같다.

	남성	여성
-er의 어미는 -ère가 된다.	premier 첫번째의 étranger 외국의	premi**ère** étrang**ère**
-n의 어미는 –nne 가 된다.	bon 좋은 coréen 한국의	bo**nne** coréé**nne**
-f의 어미는 -ve가 된다.	neuf 새로운 actif 활기찬	neu**ve** acti**ve**
-x의 어미는 -se가 된다.	heureux 행복한 jaloux 질투하는	heureu**se** jalou**se**
-s의 어미는 –sse가 된다.	bas 낮은 gros 굵은	ba**sse** gro**sse**

▸ 다음 형용사들은 모음 또는 무음 h로 시작하는 남성 단수 명사 앞에서 남성 제2형태를 취한다. 여성형은 그 남성 제2형태에서 만들어 쓴다.

남성		여성
남성 1형	남성 2형	
beau 멋진 vieux 늙은, 낡은 nouveau 새로운	**bel** **vieil** **nouvel**	belle vieille nouvelle

ex) beau garçon (남성) / **bel** enfant (남성) / belle fille (여성)
잘생긴 소년 / 예쁜 아이 / 아름다운 소녀
vieux pantalon (남성) / **vieil** homme (남성) / vieille voiture (여성)
낡은 바지 / 노인 / 낡은 자동차

[2] 형용사의 복수형 만들기

1) 남성형용사의 복수형은 다음과 같이 만든다.

	단수	복수
남성단수에 –s를 붙인다.	content 만족한 adorable 다정한	content**s** adorable**s**
-s, -x는 그대로 둔다.	gris 회색의 vieux 낡은	gris vieux
-eau, -al은 –eaux, -aux로 된다.	beau 멋진 nouveau 최신의	be**aux** nouve**aux**
	amical 우정의 égal 동등한	amic**aux** ég**aux**
-eu는 –s를 붙인다.	bleu 파란색의	bleu**s**

2) 여성형용사의 복수형은 예외 없이 '단수형 + s'이다.

	단수	복수
여성단수형에 –s를 붙인다.	intelligente 똑똑한 jeune 젊은 heureuse 행복한	intelligente**s** jeune**s** heureuse**s**

[3] 형용사의 위치

1) 짧은 음절의 자주 사용되는 형용사는 명사 앞에 위치한다.
beau, bon, gentil, grand, gros, jeune, joli, méchant, nouveau, petit, vieux 등

ex) la **petite** maison 작은 집
une **jeune** fille 젊은 소녀

2) 색깔, 형태, 날씨, 국적 등과 비교적 음절이 긴 형용사는 명사 뒤에 위치한다.

ex) le chapeau **blanc** 하얀색 모자
la table **ronde** 둥근 테이블
le restaurant **italien** 이탈리안 레스토랑

8. 지시형용사

지시형용사는 화제에 오른 사람이나 사물을 지시하며 수식하는 명사의 성과 수에 일치시킨다.

[1] 형태

지시형용사의 형태는 단순형과 복합형이 있다.

	남성단수	여성단수	복수(남성 여성 공통)
단순형	ce (cet)	cette	ces
복합형	ce (cet) ~ -ci ce (cet) ~ -là	cette ~ -ci cette ~ -là	ces ~ -ci ces ~ -là

1) ce는 모음이나 무음 h로 시작하는 남성단수명사 앞에서 cet이 된다.

ex) **Cet** enfant est mignon. 이 아이는 귀엽다.
Cet homme est sage. 이 남자는 현명하다.

2) 지시형용사는 모음이나 무음 h로 시작하는 명사와 연음된다.

ex) Ces‿étudiants sont aimables. 이 학생들은 상냥하다.
Cet‿ordinateur est à moi. 이 컴퓨터는 내 것이다.

유음 h는 연음하지 않는다.
ex) ces héros [쎄 에호] 이 영웅들

[2] 용법

1) 지시형용사는 명사를 한정하며 '이, 그, 저'의 의미로 사용한다.

ex) **Ce** crayon est petit. 이 연필은 작다.
Cette fille est belle. 이 소녀는 아름답다.
Ces tables sont rondes. 이 테이블들은 둥글다.

2) 시간을 나타내는 의미로도 쓰인다.

ex) **Ce matin**, je mange une pomme. 오늘 아침, 나는 사과를 먹는다.
Cet après-midi, je rencontre Paul. 오늘 오후, 나는 뽈을 만난다.
Ce soir, elle va au cinéma. 오늘 저녁, 그녀는 영화관에 간다.

3) 지시형용사 복합형
수식하는 명사 뒤에 –ci (가까운 것) 또는 –là (먼 것)를 붙여 '이것과 저것' 또는 '전자와 후자'의 의미로 사용한다.

ex) **Cette table-ci** est grande et **cette table-là** est petite.
이 테이블은 크고 저 테이블은 작다.
Ce garçon-ci est gentil et **ce garçon-là** est méchant.
이 소년은 친절하고 저 소년은 심술궂다.

Grammaire

9. 소유형용사

소유형용사는 명사 앞에 놓여 그 명사의 소유관계를 나타내며 명사의 성과 수에 일치시킨다.

[1] 형태

소유형용사는 수식하는 명사의 성과 수에 따라 다음과 같이 변화한다.

<table>
<tr><th>소유자 피소유물</th><th>남성단수</th><th>여성단수</th><th>남/여 복수</th></tr>
<tr><td>나의</td><td>mon</td><td>ma</td><td>mes</td></tr>
<tr><td>너의</td><td>ton</td><td>ta</td><td>tes</td></tr>
<tr><td>그의/그녀의</td><td>son</td><td>sa</td><td>ses</td></tr>
<tr><td>우리들의</td><td colspan="2">notre</td><td>nos</td></tr>
<tr><td>너희들의/당신(들)의</td><td colspan="2">votre</td><td>vos</td></tr>
<tr><td>그들의/그녀들의</td><td colspan="2">leur</td><td>leurs</td></tr>
</table>

[2] 용법

1) 소유형용사는 소유주의 성과 수에 일치시키지 않고 피소유물 (뒤따라오는 명사)의 성과 수에 일치시킨다.

ex) **sa** mère (그의 어머니 / 그녀의 어머니)
leur père (그들의 아버지 / 그녀들의 아버지)
ses parents (그의 부모님 / 그녀의 부모님)

2) ma, ta, sa 뒤에 모음이나 무음 h로 시작하는 여성단수명사가 오면 mon, ton, son으로 바뀐다.

ex) ma amie (×) → **mon** amie 나의 여자 친구
ta école (×) → **ton** école 너의 학교
sa histoire (×) → **son** histoire 그(그녀)의 이야기

10. 의문 형용사

의문의 뜻을 나타내는 형용사로 '어떤, 무엇, 얼마만큼' 등의 의미를 물을 때 사용한다.

[1] 형태

의문형용사는 수식하는 명사의 성과 수에 따라 다음과 같이 형태가 변화한다.

	남성	여성
단수	quel	quelle
복수	quels	quelles

[2] 용법

1) 명사 앞에 놓여 명사를 수식한다.

ex) **Quel** âge avez-vous ? 당신은 몇 살입니까?
Quelles fleurs aimes-tu ? 너는 어떤 꽃을 좋아하니?

2) être 동사와 함께 속사로 쓰인다.

ex) **Quelle** est votre profession ? 당신의 직업은 무엇입니까?
Quel est son nom ? 그(그녀)의 이름은 무엇입니까?

3) 의문형용사 앞에 전치사가 올 수 있다.

ex) **À** quelle heure arrivez-vous à Paris ? 당신은 몇시에 파리에 도착합니까?
De quelle couleur est votre voiture ? 당신의 차는 무슨 색깔입니까?

4) 감탄문으로도 쓰인다.

ex) **Quelle** chance ! 정말 운이 좋군요!
Quel beau temps ! 날씨가 참 좋군!

11. 의문부사

[1] 형태

장소, 시간, 수량, 이유, 방법을 묻는 의문부사는 다음과 같다.

où	'장소'에 관해 물을 때 사용한다.
quand	'시간이나 기간'에 관해 물을 때 사용한다.
pourquoi	'이유'에 관해 물을 때 사용한다.
combien	'수량'에 관해 물을 때 사용한다.
comment	'방법이나 형태'에 관해 물을 때 사용한다.

[2] 용법

1) 의문부사가 문장 끝에 오거나, est-ce que와 함께 쓰는 경우에는 주어와 동사를 도치하지 않는다.

ex) **Où** habites-tu ? 너는 어디 사니?
= Tu habites **où** ? / **Où est-ce que** tu habites ?

Quand partez-vous ? 당신은 언제 떠나세요?
= Vous partez **quand** ? / **Quand est-ce que** vous partez ?

2) 경우에 따라서는 전치사가 의문부사 앞에 온다.

ex) **D'où** venez-vous ? 당신은 어디서 오셨어요?
Depuis quand êtes-vous à Paris ? 당신은 언제부터 파리에 있었나요?

3) combien이 명사와 함께 쓰일 때는 전치사 de로 연결한다.

ex) **Combien** êtes-vous ? 몇 명이십니까?
Combien de livres avez-vous ? 당신은 몇 권의 책이 있습니까?

12. 수형용사

수형용사는 수량을 나타내는 기수와 순서를 나타내는 서수가 있다. 여기서는 기수 1~100까지만 살펴보자.

[1] 기수 1 ~ 100

1	un(une)	11	onze	21	vingt et un
2	deux	12	douze	22	vingt-deux
3	trois	13	treize	23	vingt-trois
4	quatre	14	quatorze	24	vingt-quatre
5	cinq	15	quinze	25	vingt-cinq
6	six	16	seize	26	vingt-six
7	sept	17	dix-sept	27	vingt-sept
8	huit	18	dix-huit	28	vingt-huit
9	neuf	19	dix-neuf	29	vingt-neuf
10	dix	20	vingt	30	trente

31	trente et un	41	quarante et un	51	cinquante et un	61	soixante et un
32	trente-deux	42	quarante-deux	52	cinquante-deux	62	soixante-deux
39	trente-neuf	49	quarante-neuf	59	cinquante-neuf	69	soixante-neuf
40	quarante	50	cinquante	60	soixante	70	soixante-dix

71	soixante et onze	81	quatre-vingt-un	91	quatre-vingt-onze
72	soixante-douze	82	quatre-vingt-deux	92	quatre-vingt-douze
79	soixante-dix-neuf	89	quatre-vingt-neuf	99	quatre-vingt-dix-neuf
80	quatre-vingts	90	quatre-vingt-dix	100	cent

[2] 주의해야 할 사항

1) 21, 31, 41, 51, 61, 71은 접속사 et로 연결하고, 다른 100 이하의 복합형은 모두 ' - '으로 연결한다.

2) 1은 남성형 un과 여성형 une으로 구분된다.

ex) un gâteau 케잌 하나 / une maison 집 한채

3) 모음 또는 무음 h 앞에서는 끝자음을 연음한다.

ex) six‿hommes 여섯 남자들
[씨좀므]
sept‿arbres 일곱 그루의 나무
[쎄 따흐브흐]

4) cinq, six, huit, dix는 자음 앞에서 끝자음을 발음하지 않는다.

ex) six pommes 여섯 개의 사과
[씨 뽐므]
huit baguettes 여덟 개의 바게트
[위 바게뜨]

5) vingt이 배수가 되면 복수형 어미 –s를 붙이지만, 뒤에 다른 숫자가 오면 –s를 생략한다.

ex) quatre-vingts 80 / quatre-vingt-deux 82

13. 의문대명사 qui / que

의문대명사는 문두에 놓여 사람, 동물 또는 사물에 대해 묻는 의문사이다.

[1] qui : 사람에 대해 묻는 의문사

	주어	속사 · 직접목적보어	간접목적보어 · 상황보어
단순형	qui	qui	전치사 + qui
중복형	qui est-ce qui	qui est-ce que	전치사 + qui est-ce que

1) 단순형과 중복형으로 나뉜다. 단순형에 est-ce qui를 붙이면 주어가 되고, 주어가 아닌 경우에는 est-ce que를 붙인다.

2) 주어로 쓰일 때 동사는 3인칭 단수형이 된다.

ex) **Qui** chante ? = **Qui est-ce qui** chante ? 누가 노래합니까?
Qui aime le café ? **Qui est-ce qui** aime le café ? 누가 커피를 좋아합니까?

3) 속사나 직접목적보어로도 사용된다.

ex) **Qui** êtes-vous ? = **Qui est-ce que** vous êtes ? (속사)
당신은 누구세요?
Qui aimes-tu ? = **Qui est-ce que** tu aimes ? (직접목적보어)
너는 누구를 좋아하니?

4) 간접목적보어, 상황보어일 경우 전치사를 선행한다.

ex) **À qui** pensez-vous ? = **À qui est-ce que** vous pensez ? (간접목적보어)
당신은 누구를 생각하나요?
De qui parles-tu ? = **De qui est-ce que** tu parles ? (간접목적보어)
너는 누구에 대해 말하는 거니?
Avec qui habites-tu ? = **Avec qui est-ce que** tu habites ? (상황보어)
너는 누구와 함께 사니?

[2] que : 사물에 대해 묻는 의문사

	주어	속사 · 직접목적보어	간접목적보어 · 상황보어
단순형	X	que	전치사 + quoi
중복형	qu'est-ce qui	qu'est-ce que	전치사 + quoi est-ce que

1) que도 qui처럼 단순형과 중복형으로 나뉜다. 단순형에 est-ce qui를 붙이면 주어가 되고, 주어가 아닌 경우에는 est-ce que를 붙인다.

2) que는 주어로 쓰일 수 없어 단순형은 없다.

ex) **Qu'est-ce qui** arrive ? 무슨 일이니?

3) 속사, 직접목적보어로도 쓰인다. 전치사를 붙이는 경우에는 que를 쓸 수 없고 강세형 quoi를 써야 한다.

ex) **Qu'est-ce que** c'est ? (속사) 이것은 무엇입니까?
Que cherchez-vous ? = **Qu'est-ce que** vous cherchez ? (직접목적보어)
당신은 무엇을 찾으세요?
À quoi penses-tu ? = **À quoi est-ce que** tu penses ? (직접목적보어)
너는 무슨 생각을 하고 있니?
De quoi parlez-vous ? = **De quoi est-ce que** vous parlez ? (직접목적보어)
당신은 무엇에 대해 이야기합니까?
Avec quoi marches-tu ? = **Avec quoi est-ce que** tu marches ? (상황보어)
너는 무엇을 가지고 걷니?

14. 보어 인칭대명사

보어 인칭대명사는 명사의 반복을 피하기 위해 사용되며, 전치사의 동반 여부에 따라 직접목적보어와 간접목적보어로 나뉜다.

[1] 목적보어 인칭대명사의 형태

<table>
<tr><th></th><th>1인칭단수</th><th>2인칭단수</th><th colspan="2">3인칭단수</th><th>1인칭복수</th><th>2인칭복수</th><th>3인칭복수</th></tr>
<tr><td>직접목적보어</td><td rowspan="2">me
(m')</td><td rowspan="2">te
(t')</td><td>le
(l')</td><td>la
(l')</td><td rowspan="2">nous</td><td rowspan="2">vous</td><td>les</td></tr>
<tr><td>간접목적보어</td><td colspan="2">lui</td><td>leur</td></tr>
</table>

me, te, le, la는 모음이나 무음 h로 시작하는 단어 앞에서 m', t', l'로 축약된다.

1) 앞에 나온 명사를 대신하며 언제나 동사 앞에 위치한다.

ex) J'aime le français. → Je **l'**aime.
나는 프랑스어를 좋아한다. 나는 그것을 좋아한다.
Paul téléphone à Sylvie. → Il **lui** téléphone.
뽈은 실비에게 전화한다. 그는 그녀에게 전화한다.

2) 의문문이나 부정문에서도 동사 바로 앞에 놓인다.

ex) Elle donne un stylo. → Elle **le** donne.
그녀는 펜을 준다. 그녀는 그것을 준다.
Je ne regarde pas Pierre. → Je ne **le** regarde pas.
나는 피에르 보지 않는다. 나는 그를 보지 않는다.

[2] 목적보어 인칭대명사 순서

1) 긍정명령문을 제외한 문장에서 직접목적보어와 간접목적보어를 동시에 사용할 경우 다음과 같은 순서를 취한다.

Grammaire

주어	me te nous vous	le la les	lui leur	동사

① 직접목적보어가 3인칭이고 간접목적보어가 1, 2인칭인 경우에는 '간접목적보어(me, te, nous, vous) + 직접목적보어 (le, la, les)' 순서를 취한다.

ex) Elle me donne une fleur. → Elle **me la** donne.
그녀는 나에게 꽃을 준다. 그녀는 나에게 그것을 준다.
Tu me prêtes un stylo. → Tu **me le** prêtes.
너는 나에게 펜을 빌려준다. 너는 나에게 그것을 빌려준다.

② 직접목적보어와 간접목적보어가 모두 3인칭이면 '직접목적보어 (le, la, les) + 간접목적보어 (lui, leur)' 의 순서를 취한다.

ex) Je donne une fleur à mon amie. → Je **la lui** donne.
나는 내 친구에게 꽃을 준다. 나는 그것을 그녀에게 준다.
Il l'explique à sa mère. → Il **le lui** explique.
그는 그의 어머니에게 그것을 설명한다. 그는 그것을 그녀에게 설명한다.

③ 직접목적보어가 1, 2인칭인 경우 간접목적보어와 같이 쓰지 못하고, 간접 목적보어는 'à + 강세형인칭대명사'의 형태로 동사 뒤에 놓는다.

ex) Elle me lui présente. (×)
Elle me présente **à lui**. 그녀는 그에게 나를 소개한다.
Je te présente **à eux**. 나는 그들에게 너를 소개한다.

2) 긍정명령문인 경우에는 '동사 명령형 + 직접목적보어 + 간접목적보어' 순서를 취한다. 이때 me는 moi, te는 toi로 바뀐다. 부정명령문인 경우에는 평서문의 경우와 같다.

ex) Donnez-moi le gâteau ! → Donnez-**le-moi** !
나에게 케익을 주세요! 나에게 그것을 주세요!
Montre ma robe à Marie ! → Montre-**la-lui** !
마리에게 내 원피스를 보여줘! 그녀에게 그것을 보여줘!
Ne **le lui** donne pas ! 그것을 그(그녀)에게 주지 마!
Ne **me la** passe pas ! 나에게 그것을 넘겨주지 마!

15. 대명동사

대명동사는 재귀인칭대명사를 동반하는 동사로 주어 자신에 행위가 미치게 되는 동사를 말한다.

[1] 형태

1) 대명동사의 긍정형 se는 주어의 인칭과 수에 따라 변화한다.

	se lever	s'appeler	s'aimer
je	**me** lève	**m'**appelle	**m'**aime
tu	**te** lèves	**t'**appelles	**t'**aimes
il/elle	**se** lève	**s'**appelle	**s'**aime
nous	**nous** levons	**nous** appelons	**nous** aimons
vous	**vous** levez	**vous** appelez	**vous** aimez
ils/elles	**se** lèvent	**s'**appellent	**s'**aiment

2) 대명동사의 부정형
재귀인칭대명사와 동사 앞에 ne, 동사 뒤에 pas를 놓는다.

se reposer	
je **ne** me repose **pas**	nous **ne** nous reposons **pas**
tu **ne** te reposes **pas**	vous **ne** vous reposez **pas**
il/elle **ne** se repose **pas**	ils/elles **ne** se reposent **pas**

3) 대명동사의 의문형
주어와 동사를 도치하는 의문형일 경우 주어를 동사 뒤에 놓아 재귀인칭대명사가 문장 앞에 오도록 한다.

se réveiller	
Me réveille-je ?	**Nous** réveillons-nous ?
Te réveilles-tu ?	**Vous** réveillez-vous ?
Se réveille-t-il ?	**Se** réveillent-ils ?
Se réveille-t-elle ?	**Se** réveillent-elles ?

[2] 용법

대명동사는 의미에 따라 4가지 범주로 구분한다.

1) 재귀적 대명동사
주어가 행하는 동작이 주어 자신으로 되돌아가는 경우이다.

ex) Je **me couche** à 11 heures. 나는 11시에 잠자리에 든다.
Elles **se promènent**. 그녀들은 산책한다.
Elle **s'habille**. 그녀는 옷을 입는다.

2) 상호적 대명동사
주어가 행한 동작이 서로에게 미치는 경우로 주어는 항상 복수형이다.

ex) Sylvie et sa mère **s'aiment** beaucoup. 실비와 그녀의 어머니는 서로 많이 사랑한다.
Ils **se regardent**. 그들은 서로 바라본다.

3) 수동적 대명동사
수동적 의미로 쓰인다. 주어는 항상 사물이며 3인칭이다.

ex) La porte **se ferme**. 문이 닫힌다.
Ce livre **se vend** bien. 이 책은 잘 팔린다.

4) 본질적 대명동사
se가 직접목적보어로 취급되지만 문법상 아무런 뜻이 없이 사용된다.

ex) Je **m'en vais**. (s'en aller) 나 가볼게.
Il **s'endort**. (s'endormir) 그는 잠이 든다.

16. 명령문

명령문은 2인칭 단수, 1인칭 복수, 2인칭 복수에 쓰이며 요구, 바램, 제안의 뜻으로 사용한다.

[1] 형태

일반적으로 2인칭 단수, 복수 그리고 1인칭 복수에 해당하는 현재형에서 주어를 생략한다. 1군 동사의 경우 2인칭 단수의 어미 -es인 경우에는 s를 생략한다.

1) 일반적인 명령형

	chanter 노래하다	finir 끝내다	partir 떠나다
2인칭 단수형	chante	finis	pars
1인칭 복수형	chantons	finissons	partons
2인칭 복수형	chantez	finissez	partez

예외적으로 aller의 2인칭 단수 vas에서도 s를 생략한다.

2) 특수 형태의 명령형 : avoir, être, savoir, vouloir

	avoir ~을 가지다	être ~이다	savoir 알다	vouloir 원하다
tu	aie	sois	sache	veuille
nous	ayons	soyons	sachons	veuillons
vous	ayez	soyez	sachez	veuillez

ex) **Sois** sage ! 얌전히 있어!
Ayez du courage ! 용기를 가지세요!

[2] 용법

1) 명령이나 금지를 나타낸다.

ex) **Ferme** la porte ! 문을 닫아!
N'entrez pas dans la chambre ! 방안에 들어오지 마세요!

2) 독려 또는 권고를 나타낸다.

ex) **Soyons** calme ! 진정합시다!
Essayez ces chaussures ! 이 신발을 신어보세요!

3) 기원이나 바람을 나타낸다.

ex) **Passez** de bonnes vacances ! 즐거운 휴가 보내세요!
Fais un bon voyage ! 좋은 여행 해!

[3] 보어 인칭대명사 순서

1) 긍정명령형

① 목적보어 인칭대명사 me와 te는 동사 뒤에 ' - '으로 연결하고, moi와 toi로 각각 바꾼다.

ex) Vous me parlez. → Parlez-**moi** !
당신은 내게 말한다. 내게 말하세요!
Tu lui téléphones. → Téléphone-**lui** !
너는 그(그녀)에게 전화한다. 그(그녀)에게 전화해!

② 목적보어 인칭대명사의 경우는 항상 '직접목적보어 + 간접목적보어'의 순서가 된다.

ex) Passe-**le-moi** ! 나에게 그것을 건네줘!
Donnez-**la-nous** ! 우리에게 그것을 주세요!

2) 부정명령문
부정명령문에서는 평서문의 순서와 같다.

ex) Ne **me le** dis pas. 나에게 그것을 말하지 마.
Ne **les leur** passons pas. 그(그녀)들에게 그것들을 건네주지 맙시다.

17. 준조동사

준조동사란 다른 동사와 함께 조동사적으로 쓰여서 본래의 뜻이 아닌 다른 의미를 갖는 동사를 말한다.

[1] 근접 미래 : aller + 동사원형

'~할 것이다' 라는 의미로 곧 일어날 일을 표현한다.

ex) Elle **va déjeuner** avec son ami.
그녀는 친구와 함께 점심식사를 할 것이다.
Je **vais prendre** du café.
나는 커피를 마실 것이다.

[2] 근접과거 : venir + de + 동사원형

'방금 ~했다'라는 의미로 조금 전에 일어난 과거를 표현한다.

ex) Je **viens d'arriver** chez moi.
나는 방금 집에 도착했다.
Nous **venons d'acheter** une jolie voiture.
우리는 방금 예쁜 차 한대를 샀다.

[3] 진행형 : être en train de + 동사원형

'~하고 있는 중이다'라는 의미로 진행을 표현한다.

ex) Elle **est en train de faire** des devoirs.
그녀는 숙제를 하고 있는 중이다.
Les enfants **sont en train de jouer** dans le parc.
아이들은 공원에서 놀고 있는 중이다.

[4] 조동사적으로 사용되는 pouvoir, vouloir, devoir

pouvoir, vouloir, devoir도 조동사적으로 사용되어 여러 가지 뜻을 나타낸다.

1) pouvoir + 동사원형 : '~할 수 있다'라는 의미로 가능성을 표현한다.

ex) Je **peux parler** chinois. 나는 중국어를 구사할 수 있다.
Elle **peut conduire** la voiture. 그녀는 자동차를 운전할 수 있다.

2) vouloir + 동사원형 : '~하고 싶다'라는 의미로 희망이나 선호를 표현한다.

ex) Je **veux partir** en France. 나는 프랑스로 떠나고 싶다.
Il ne **veut** pas **voyager** avec sa famille.
그는 가족과 함께 여행하기를 원하지 않는다.

3) devoir + 부정법 : '~해야만 한다, ~일 것이다'라는 의미로 의무나 추측을 표현한다.

ex) Je **dois sortir** tout de suite. 나는 곧 나가야만 한다.
Vous **devez avoir** faim. 당신은 배가 고프겠군요.

[5] savoir + 동사원형

'~할 줄 안다'라는 의미를 나타낸다.

ex) Nous **savons nager**. 우리는 수영할 줄 안다.
Tu **sais lire** le français ? 너는 프랑스어를 읽을 줄 아니?

[6] désirer, souhaiter + 동사원형

'~하고 싶다'라는 의미를 표현한다.

ex) Il **désire rencontrer** ma grand-mère. 그는 나의 할머니를 만나고 싶어한다.
Nous **souhaitons finir** notre travail. 우리는 일을 끝내고 싶다.

18. 비인칭 구문

비인칭 구문이란 형식상의 주어인 비인칭 주어 'il'과 3인칭 단수형태의 동사로 구성된 구문을 말한다. 동사로는 본질적 비인칭동사와 일반 동사에서 전용된 비인칭동사가 있다.

[1] 기후 및 날씨 표현

1) 비인칭 동사

pleuvoir	비가 내리다	**Il pleut.**	비가 내린다.
neiger	눈이 오다	**Il neige.**	눈이 온다.
geler	얼다	**Il gèle.**	얼음이 언다.
tonner	천둥치다	**Il tonne.**	천둥이 친다.

2) faire 동사

Quel temps fait-il aujourd'hui ? 오늘 날씨 어때요?	
Il fait beau.	날씨가 좋다.
Il fait mauvais.	날씨가 나쁘다.
Il fait froid.	날씨가 춥다.
Il fait chaud.	날씨가 덥다.

[2] 시간 표현

시간 표현은 être 동사를 비인칭 동사로 쓴다.

Quelle heure est-il ? (= Vous avez l'heure ? / Tu as l'heure ?) 지금 몇 시입니까?		
Il est	une heure 1시 deux heures 2시	cinq. 5분 et quart /quinze. 15분 et demie/ trente. 반/ 30분 moins dix. 10분 전 moins le quart. 15분 전
	midi 정오 minuit 자정	et demi. 반

19. 중성대명사 en / y

중성대명사 en과 y는 성과 수의 변화가 없으며 위치는 보어 인칭대명사처럼 동사 앞에 놓인다.

[1] 중성대명사 en

1) 'de + 명사'를 대신하는 경우

ex) Venez-vous de l'école ? → Oui, j'**en** viens.
당신은 학교에서 오는 겁니까? 네, 저는 거기에서 옵니다.
Elle parle de sa voiture ? → Oui, elle **en** parle.
그녀는 차에 대해 이야기하니? 응, 그녀는 그것에 대해 말해.

2) '부정관사, 부분관사 + 명사'를 대신하는 경우

ex) Vous avez des amis ? → Oui, j'**en** ai.
당신은 친구들이 있습니까? 네, 저는 그것이 있습니다.
Voulez-vous du thé ? → Oui, j'**en** veux.
당신은 차를 원하십니까? 네, 저는 그것을 원합니다.

3) 수량표현과 함께 쓰인 명사를 대신하는 경우

ex) Avez-vous des frères ? → Oui, j'**en** ai **deux**.
당신은 형제들이 있습니까? 네, 저는 형제 둘이 있습니다.
Combien de cahiers as-tu ? → J'**en** ai **trois**.
너는 몇권의 공책이 있니? 나는 공책 세권이 있어.

'숫자 + 명사'인 경우에는 명사만 en으로 받고 숫자는 문장 뒤에 써준다.

[2] 중성대명사 y

1) 장소보어를 대신하는 경우 : à, dans, sur... + 장소

ex) Tu vas à l'école ? → Oui, j'**y** vais.
너는 학교에 가니? 응, 나는 그곳에 가.
La montre est sur la table ? → Non, elle n'**y** est pas.
시계가 테이블 위에 있니? 아니, 시계가 그곳에 없어.

2) à를 동반하는 사물명사를 대신하는 경우

ex) Tu assistes à la réunion ? → Oui, j'**y** assiste.
너는 회의에 참석하니? 응, 나는 거기에 참석해.
Elle pense à son examen ? → Non, elle n'**y** pense pas.
그녀는 시험에 대해 생각하니? 아니, 그녀는 그것에 대해 생각하지 않아.

II. 회화

Conversation

1. 프랑스어 한마디
2. 프랑스어 대화
3. 프랑스어 표현
4. 프랑스어 상황극

Conversation

1. 프랑스어 한마디

* 원어민의 녹음을 듣고 여러번 따라 해보세요.

[1] 관사

1) 부정관사

un, une, des	
C'est un livre.	이것은 책입니다.
C'est une fleur.	이것은 꽃입니다.
Ce sont des pommes.	이것들은 사과입니다.
C'est un stylo.	이것은 볼펜입니다.
C'est une voiture.	이것은 자동차입니다.
Ce sont des tables.	이것들은 테이블입니다.
C'est un sac.	이것은 가방입니다.
C'est une maison.	이것은 집입니다.

2) 정관사

le, la, les	
J'aime le cinéma.	나는 영화를 좋아한다.
Tu aimes la tour Eiffel.	너는 에펠탑을 좋아한다.
Il aime les chats.	그는 고양이를 좋아한다.
Elle aime l'imformatique.	그녀는 컴퓨터를 좋아한다.
Nous aimons le vélo.	우리들은 자전거를 좋아한다.
Vous aimez la France.	당신(당신들)은 프랑스를 좋아한다.
Ils aiment les Français.	그들은 프랑스인들을 좋아한다.
Elles aiment l'école.	그녀들은 학교를 좋아한다.

3) 부분관사

du, de la, des, de l'	
Je veux du café.	나는 커피를 원한다.
Tu veux de la viande.	너는 고기를 원한다.
Il veut des légumes.	그는 채소를 원한다.
Elle veut du pain.	그녀는 빵을 원한다.
Nous voulons de la salade.	우리들은 샐러드를 원한다.
Vous voulez de l' eau.	당신(당신들)은 물을 원한다.
Ils veulent du fromage.	그들은 치즈를 원한다.
Elles veulent de la soupe.	그녀들은 스프를 원한다.

[2] 인칭대명사

1) 강세형 인칭대명사와 주어인칭대명사

moi, toi, lui ~ + je, tu, il ~	
Moi, je vais bien.	나, 나는 잘 지낸다.
Toi, tu vas bien.	너, 너는 잘 지낸다.
Lui, il va bien.	그, 그는 잘 지낸다.
Elle, elle va bien.	그녀, 그녀는 잘 지낸다.
Nous, nous allons bien.	우리들, 우리들은 잘 지낸다.
Vous, vous allez bien.	당신들, 당신들은 잘 지낸다.
Eux, ils vont bien.	그들, 그들은 잘 지낸다.
Elles, elles vont bien.	그녀들, 그녀들은 잘 지낸다.

2) 목적보어 인칭대명사

me, te, lui, leur ~ / me, te, le(la), leur ~	
Je te donne.	나는 너에게 준다.
Tu me donnes.	너는 나에게 준다.
Il lui donne.	그는 그(녀)에게 준다.
Elle leur donne.	그녀는 그(그녀)들에게 준다.
Nous te détestons.	우리들은 너를 싫어한다.
Vous la détestez.	당신(당신들)은 그녀를(그것을) 싫어한다.
Ils me détestent.	그들은 나를 싫어한다.
Elles les détestent.	그녀들은 그들을 (그것들을) 싫어한다.

[3] 동사

1) habiter 동사

habiter : ~ 거주하다	
J'habite à Paris.	나는 파리에 거주한다.
Tu habites à Paris.	너는 파리에 거주한다.
Il habite à Paris.	그는 파리에 거주한다.
Elle habite à Paris.	그녀는 파리에 거주한다.
Nous habitons à Paris.	우리들은 파리에 거주한다.
Vous habitez à Paris.	당신(당신들)은 파리에 거주한다.
Ils habitent à Paris.	그들은 파리에 거주한다.
Elles habitent à Paris.	그녀들은 파리에 거주한다.

2) finir 동사

finir : ~ 끝내다	
Je finis mon travail.	나는 나의 일을 끝낸다.
Tu finis ton travail.	너는 너의 일을 끝낸다.
Il finit son travail.	그는 그의 일을 끝낸다.
Elle finit son travail.	그녀는 그녀의 일을 끝낸다.
Nous finissons notre travail.	우리들은 우리의 일을 끝낸다.
Vous finissez votre travail.	당신은 당신의 일을 끝낸다.
Ils finissent leur travail.	그들은 그들의 일을 끝낸다.
Elles finissent leur travail.	그녀들은 그녀들의 일을 끝낸다.

3) être 동사

être : ~ 입니다	
Je suis journaliste.	나는 기자이다.
Tu es avocat.	너는 변호사이다.
Il est chanteur.	그는 가수이다.
Elle est actrice.	그녀는 배우이다.
Nous sommes adorables.	우리들은 사랑스럽다.
Vous êtes gentil.	당신은 친절하다.
Ils sont petits.	그들은 키가 작다.
Elles sont grandes.	그녀들은 키가 크다.

4) aller 동사

aller : ~가다, 지내다	
Je vais bien.	나는 잘 지낸다.
Tu vas bien.	너는 잘 지낸다.
Il va bien.	그는 잘 지낸다.
Elle va bien.	그녀는 잘 지낸다.
Nous allons bien.	우리들은 잘 지낸다.
Vous allez bien.	당신(당신들)은 잘 지낸다.
Ils vont bien.	그들은 잘 지낸다.
Elles vont bien.	그녀들은 잘 지낸다.

5) avoir 동사

avoir : ~가지다	
J’ai un sac.	나는 가방을 가지고 있다.
Tu as des boissons.	너는 음료수들을 가지고 있다.
Il a un téléphone portable.	그는 휴대폰을 가지고 있다.
Elle a une jupe.	그녀는 치마를 가지고 있다.
Nous avons une chaise.	우리는 의자를 가지고 있다.
Vous avez une maison.	당신(당신들)은 집을 가지고 있다.
Ils ont une bague.	그들은 반지를 가지고 있다.
Elles ont un vélo.	그녀들은 자전거를 가지고 있다.

6) 대명동사

se lever : 일어나다	
Je me lève à 7h.	나는 7시에 일어난다.
Tu te lèves à 7h.	너는 7시에 일어난다.
Il se lève à 7h.	그는 7시에 일어난다.
Elle se lève à 7h.	그녀는 7시에 일어난다.
Nous nous levons à 7h.	우리들은 7시에 일어난다.
Vous vous levez à 7h.	당신(당신들)은 7시에 일어난다.
Ils se lèvent à 7h.	그들은 7시에 일어난다.
Elles se lèvent à 7h.	그녀들은 7시에 일어난다.

7) 준조동사

pouvoir : ~ 할 수 있다 / vouloir : ~ 원하다 / devoir : ~ 해야만 한다		
Je peux entrer ici.	Je veux entrer ici.	Je dois entrer ici.
나는 여기에 들어갈 수 있다.	나는 여기에 들어가기 원한다.	나는 여기에 들어가야만 한다.
Tu peux entrer ici.	Tu veux entrer ici.	Tu dois entrer ici.
너는 여기에 들어갈 수 있다.	너는 여기에 들어가기 원한다.	너는 여기에 들어가야만 한다.
Il peut entrer ici.	Il veut entrer ici.	Il doit entrer ici.
그는 여기에 들어갈 수 있다.	그는 여기에 들어가기 원한다.	그는 여기에 들어가야만 한다.
Elle peut entrer ici.	Elle veut entrer ici.	Elle doit entrer ici.
그녀는 여기에 들어갈 수 있다.	그녀는 여기에 들어가기 원한다.	그녀는 여기에 들어가야만 한다.
Nous pouvons entrer ici.	Nous voulons entrer ici.	Nous devons entrer ici.
우리들은 여기에 들어갈 수 있다.	우리들은 여기에 들어가기 원한다.	우리들은 여기에 들어가야만 한다.
Vous pouvez entrer ici.	Vous voulez entrer ici.	Vous devez entrer ici.
당신(당신들)은 여기에 들어갈 수 있다.	당신(당신들)은 여기에 들어가기 원한다.	당신(당신들)은 여기에 들어가야만 한다.
Ils peuvent entrer ici.	Ils veulent entrer ici.	Ils doivent entrer ici.
그들은 여기에 들어갈 수 있다.	그들은 여기에 들어가기 원한다.	그들은 여기에 들어가야만 한다.
Elles peuvent entrer ici.	Elles veulent entrer ici.	Elles doivent entrer ici.
그녀들은 여기에 들어갈 수 있다.	그녀들은 여기에 들어가기 원한다.	그녀들은 여기에 들어가야만 한다.

[4] 부정문 / 의문문

1) 부정문

ne ~ pas : ~ 않는다	
Je n'aime pas le café.	나는 커피를 좋아하지 않는다.
Tu n'habites pas en France.	너는 프랑스에 살지 않는다.
Il ne parle pas japonais.	그는 그는 일본어를 못한다.
Elle ne regarde pas le film.	그녀는 영화를 보지 않는다.
Nous n'aimons pas le sport.	우리는 운동을 좋아하지 않는다.
Vous n'étudiez pas le chinois.	당신(당신들)은 중국어를 공부하지 않는다.
Ils n'habitent pas ensemble.	그들은 함께 않는다.
Elles ne sortent pas le week-end.	그녀들은 주말에 외출하지 않는다.

2) 의문문

문장 + ? / Est-ce que + 문장 ? / 동사 + 주어 ?	
Tu parles avec Jean ?	너는 정과 함께 말하니?
Est-ce que tu parles avec Jean ?	
Parles-tu avec Jean ?	
Vous étudiez le français ?	당신은 프랑스어를 공부합니까?
Est-ce que vous étudiez le français ?	
Étudiez-vous le français ?	
Est-ce qu'ils travaillent beaucoup ?	그들은 일을 많이 합니까?
Travaillent-ils beaucoup ?	

[5] 형용사

1) 소유형용사

mon, ma, mes ~ : ~ 의	
J'ai mon stylo.	나는 나의 볼펜을 가지고 있다.
Tu as mes stylos.	너는 나의 볼팬들을 가지고 있다.
Il a ta gomme.	그는 너의 지우개를 가지고 있다.
Elle a ton sac.	그녀는 너의 가방을 가지고 있다.
Nous avons vos livres.	우리들은 당신들의 책들을 가지고 있다.
Vous avez notre table.	당신(당신들)은 우리들의 테이블을 가지고 있다.
Ils ont leur maison.	그들은 그들의 집을 가지고 있다.
Elles ont leurs amis.	그녀들은 그녀들의 친구들을 가지고 있다.

2) 지시형용사

ce, cette, ces ~ : 이, 그, 저	
Je regarde cet homme.	나는 이/그/저 남자를 본다.
Tu regardes ce parc.	너는 이/그/저 공원을 본다.
Il regarde cette fleur.	그는 이/그/저 꽃을 본다.
Elle regarde ces filles.	그녀는 이/그/저 소녀들을 본다.
Nous regardons cette maison.	우리들은 이/그/저 집을 본다.
Vous regardez cet appartement.	당신(당신들) 이/그/저 아파트를 본다.
Ils regardent ce film.	그들은 이/그/저 영화를 본다.
Elles regardent ces robes.	그녀들은 이/그/저 원피스들을 본다.

3) 의문형용사

quel, quelle, quels, quelles ~ : 어떤, 무슨	
Quels films aimez-vous ?	당신(당신들)은 어떤 영화를 좋아합니까?
Quelles fleurs aimez-vous ?	당신(당신들)은 어떤 꽃을 좋아합니까?
Quels livres aimez-vous ?	당신(당신들)은 어떤 책을 좋아합니까?
Quelles voitures aimes-tu ?	너는 어떤 자동차를 좋아하니?
Quels plats aimes-tu ?	너는 어떤 음식을 좋아하니?
Quel genre de musique aimes-tu ?	너는 어떤 음악을 좋아하니?
Quel type de chien aime-t-il ?	그는 어떤 강아지를 좋아합니까?
Quel type de salade aime-t-elle ?	그녀는 어떤 샐러드를 좋아합니까?

[6] 근접미래, 근접과거, 진행형

1) 근접미래

aller + 동사원형 : (가까운 미래에) ~ 할 것이다.	
Je vais aller chez moi.	나는 나의 집에 갈 것이다.
Tu vas entrer chez toi.	너는 너의 집에 들어갈 것이다.
Il va quitter le bureau.	그는 사무실을 떠날 것이다.
Elle va partir à 10 heures.	그녀는 10시에 출발할 것이다.
Nous allons sortir tout de suite.	우리들은 오늘 저녁 외출할 것이다.
Vous allez se reposer chez vous.	당신(당신들)은 당신(들)의 집에서 쉴 것이다.
Ils vont manger dans un restaurant.	그들은 레스토랑에서 먹을 것이다.
Elles vont rester au Japon.	그녀들은 일본에 머무를 것이다.

2) 근접과거

venir de + 동사원형 : 방금 ~ 하다	
Je viens d'arriver ici.	나는 방금 여기에 도착했다.
Tu viens d'étudier ici.	너는 방금 여기에서 공부를 했다.
Ils vient de danser ici.	그는 방금 여기에서 춤을 추었다.
Elle vient de travailler ici.	그녀는 방금 여기에서 일을 했다.
Nous venons de chanter ici.	우리들은 방금 여기에서 노래를 했다.
Vous venez de marcher ici.	당신(당신들)은 방금 여기에서 걸었다.
Ils viennent de courir ici.	그들은 방금 여기에서 뛰었다.
Elles viennent de tomber ici.	그녀들은 방금 여기에서 넘어졌다.

3) 진행형

être + en train de + 동사원형 : ~ 중이다	
Je suis en train d'étudier.	나는 공부하고 있는 중이다.
Tu es en train de manger.	너는 먹고 있는 중이다.
Il est en train de travailler.	그는 일 하고 있는 중이다.
Elle est en train de regarder.	그녀는 보고 있는 중이다.
Nous sommes en train de boire.	우리들은 마시고 있는 중이다.
Vous êtes en train de dormir.	당신(당신들)은 잠자고 있는 중이다.
Ils sont en train de lire.	그들은 책을 읽고 있는 중이다.
Elles sont en train de chanter.	그녀들은 노래하고 있는 중이다.

Conversation

[7] 구문활용

1) Il y a / C'est ~

Il y a : ~ 있습니다 / C'est ~ : 이것은 ~ 입니다	
Il y a des enfants dans le parc.	공원에 아이들이 있다
Il y a une voiture au garage.	차고에 자동차가 있다.
Il y a un train à la gare.	기차역에 기차가 있다.
Il y a un livre sur la table.	테이블 위에 책이 있다.
Est-ce que c'est une montre ?	이것은 손목시계입니까?
Est-ce que ce sont des chaises ?	이것들은 의자입니까?
Est-ce que c'est un cahier ?	이것은 공책입니까?
Est-ce que ce sont des sacs ?	이것들은 가방입니까?

2) Voici / Voilà ~

voici / voilà + 명사 : 여기에 (저기에) ~가 있다	
Voici une maison.	여기에 집이 있습니다.
Voilà un sac.	저기에 가방이 있습니다.
Voici une pomme.	여기에 사과가 있습니다.
Voilà mes amis.	저기에 나의 친구들이 있습니다.
Voici mon ordinateur.	여기에 나의 컴퓨터가 있습니다.
Voilà une voiture.	저기에 자동차가 있습니다.
Voici ma carte d'identité.	여기에 나의 신분증이 있습니다.
Voilà une fille.	저기에 소녀가 있습니다.

3) Il faut + 동사원형 / Il faut + 명사

il faut + 동사원형 : ~ 해야만 한다 / il faut + 명사 : ~ 필요하다	
Il faut parler.	말해야만 한다.
Il faut danser.	춤추어야만 한다.
Il faut sortir.	나가야만 한다.
Il faut partir.	출발해야만 한다.
Il faut un livre.	책 한권이 필요하다.
Il faut un stylo.	볼펜 하나가 필요하다.
Il faut de l'argent.	돈이 필요하다.
Il faut du fromage.	치즈가 필요하다.

[8] 시간, 날씨, 날짜, 요일 표현

1) 시간 표현

Quelle heure est-il ? / Vous avez l'heure ? / Tu as l'heure ? 몇시예요?	
Il est deux heures.	2시다.
Il est midi.	낮 12시이다.
Il est cinq heures trente.	5시 30분이다.
Il est minuit.	밤 12시이다.
Il est six heures quinze.	6시 15분이다.
Il est trois heures et demie.	3시 30분이다.
Il est trois heures et quart.	3시 15분이다.
Il est trois heures moins dix.	3시 10분 전이다.

Conversation

2) 날씨 표현

Quel temps fait-il aujourd'hui ? : 오늘 날씨가 어때요?	
Il fait mauvais.	날싸가 나빠요.
Il fait beau.	날씨가 좋아요.
Il fait chaud.	날씨가 더워요.
Il ne fait ni chaud ni froid.	날씨가 덥지도 않고 춥지도 않아요.
Il fait gris.	날씨가 흐려요.
Il y a des nuages.	구름이 꼈어요.
Il y a du vent.	바람이 불어요.
Il pleut.	비가와요.

3) 날짜 표현

Quelle est la date d'aujourd'hui ? : 오늘 며칠이죠?	
On est le 12 mai.	5월 12일 입니다.
On est le 11 juin.	6월 11일 입니다.
On est le 15 avril.	4월 15일 입니다.
On est le 10 septembre.	9월 10일 입니다.
Nous sommes le 20 octobre.	10월 20일 입니다.
Nous sommes le 1er janvier.	1월 1일 입니다.
Nous sommes le 2 mars.	3월 2일 입니다.
C'est le 20 juillet.	7월 20일 입니다.

4) 요일 표현

Quel jour sommes-nous aujourd'hui ? : 오늘이 무슨 요일이죠?	
Nous sommes dimanche.	일요일 입니다.
Nous sommes samedi.	토요일 입니다.
Nous sommes jeudi.	목요일 입니다.
Nous sommes lundi.	월요일 입니다.
C'est mardi.	화요일 입니다.
C'est dimanche.	일요일 입니다.
C'est vendredi.	금요일 입니다.
C'est mercredi.	수요일 입니다.

[9] 중성대명사 en, 의문대명사, 의문부사

1) 중성대명사 en

en	
Avez-vous des frères ?	당신(당신들)은 형제가 있으세요?
Je n'en ai pas.	아니요, (남자형제) 없어요.
Est-ce que vous prenez de la viande ?	당신(당신들)은 고기 드시겠어요?
Oui, j'en prends.	네, 그것을 먹을게요.
Tu parles de l'histoire ?	너는 역사에 대해 말하니?
Oui, j'en parle.	응, 그것에 대해 말해.
Tu a envie de travailler ?	너는 일하기를 원하니?
Oui, j'en ai envie.	응, 그것을 원해.

Conversation

2) 의문대명사

qu'est-ce que / que : 무엇을 ~	
Qu'est-ce que c'est ?	이것은 무엇입니까?
Qu'est-ce que tu cherches ?	너는 무엇을 찾니?
Qu'est-ce que vous mangez ?	당신(당신들)은 무엇을 먹나요?
Qu'est-ce qu'elle fait.	그녀는 무엇을 하니?
Que regarde-t-elle ?	그녀는 무엇을 보나요?
Que veux-tu ?	너는 무엇을 원하니?
Qu'aimez-vous ?	당신(당신들)은 무엇을 좋아하세요?
Que détestes-tu ?	너는 무엇을 싫어하니?

3) 의문부사

où / pourquoi / comment / combien / quand / 어디 / 왜 / 어떻게 / 얼마나 / 언제	
Où allez-vous ?	당신(당신들)은 어디에 가세요?
Pourquoi vas-tu au marché ?	너는 왜 시장에 가니?
Comment va-t-elle à Lyon ?	그녀는 어떻게 리옹에 가나요?
Combien ça coûte ?	얼마예요?
Pourquoi aimes-tu Jean ?	너는 정을 왜 사랑하니?
Quand allez-vous en France?	너는 언제 프랑스에 가니?
Pourquoi achètes-tu du fromage ?	너는 왜 치즈를 사니?
Comment étudies-tu le français ?	너는 어떻게 프랑스어를 공부하니?

[10] 명령문

1) 명령문

명령문 : ~ 해라 / 합시다 / 해주세요	
Ouvre la porte !	문을 열어!
Ouvrons la porte !	문을 열자!
Ouvrez la porte !	문을 열어주세요!
Ferme la fenêtre !	창문을 닫아!
Fermons la fenêtre !	창문을 닫자!
Fermez la fenêtre !	창문을 닫아주세요!
Va !	가!
Sois sage !	얌전해라!

2. 프랑스어 대화

[1] Bonjour ! 안녕!

1) 어휘

어휘	뜻	어휘	뜻
bonjour	n.m. 안녕하세요, 안녕	et	그리고, 또
Madame	n.f.(여성이름 앞에) ~씨, ~부인	aussi	또한, 역시
aller	가다, 지내다	salut	안녕
bien	잘, 능숙하게	ça	(사물 · 상황을 지칭) 이것, 저것, 그것
oui	예, 그렇습니다	à	(시간) ~(때)에
très	매우, 아주	demain	n.m. 내일
merci	감사합니다	bisou	n.m. 뽀뽀, 키스

2) 대화

* 원어민 녹음을 듣고 한국어 발음을 적어보세요.

Conversation 1

professeur : Bonjour Jean !

☞ ________________ !

Jean : Bonjour Madame !

☞ ________________ !

professeur : Vous allez bien ?

☞ ____________________ ?

Jean : Oui, très bien, merci. Et vous ?

☞ ________________. __________ ?

professeur : Moi aussi, je vais bien. Merci !

☞ __________, ____________. __________ !

Conversation 1

선생님 : 안녕하세요, 정!
정 : 안녕하세요, 선생님!
선생님 : 잘 지내나요?
정 : 네, 아주 잘 지냅니다. 감사합니다. 그런데 선생님은요?
선생님 : 나도 잘 지내요, 고마워요!

Conversation

Conversation 2

Jean : Salut Léa, ça va ?

☞ __________, __________ ?

Léa : Ça va bien, merci. Et toi ?

☞ ____________, _______. _________ ?

Jean : Moi, ça va. À demain.

☞ ____________. __________.

Léa : À demain, bisous !

☞ _________, __________ !

Conversation 2

정 : 안녕, 레아, 잘 지내?
레아 : 잘 지내, 고마워. 너는?
정 : 잘 지내. 내일 보자.
레아 : 내일 보자, 안녕!

[2] Je m'appelle Eva ! 내 이름은 에바입니다!

1) 어휘

어휘	뜻	어휘	뜻
être	~ 이다	enchanté(e)	반갑습니다
Monsieur	n.m.(남성이름앞) 씨, 님, 귀하	voici	여기에 …이 있다. (사람, 사물을 소개할 때) 이것, 이 사람이 …이다
s' appeler	(라고) 불리다, 이름이 …이다	français(e)	프랑스인
comment	어떻게, 어떠한 방법으로	italien(ne)	이탈리아인

2) 대화

* 원어민 녹음을 듣고 한국어 발음을 적어보세요.

Conversation 1

Paul : Bonjour ! Vous êtes...

☞ __________ ! __________________...

Eva : Bonjour Monsieur, je m'appelle Eva.

Comment vous appelez-vous ?

☞ _____________, _________________________.

____ ?

Paul : Moi, je suis Paul. Enchanté.

☞ ______________________. _____________.

Eva : Enchantée !

☞ ______________ !

Conversation 1

뽈 : 안녕하세요! 당신 이름이...
에바 : 안녕하세요. 제 이름은 에바입니다.
성함이 어떻게 되세요?
뽈 : 저는 뽈입니다. 반갑습니다.
에바 : 반갑습니다.

Conversation 2 

Eva : Salut Paul ! Tu vas bien ?

☞ __________ ! ______________ ?

Paul : Ah, Eva ! Je vais bien.
Eva, voici Tom.

☞ ____________________.

____________________.

Eva : Salut, je suis Eva. Tu es français ?

☞ ____________. ___________________ ?

Tom : Oui, je suis français. Et toi ?

☞ ____________________. ________ ?

Eva : Moi, je suis italienne. Enchantée !

☞ ______________________. ______________ !

Conversation 2

에바 : 안녕 뽈! 잘 지내지?
뽈 : 아, 에바! 잘 지내. 에바, 이쪽은 내 친구 톰이야.
에바 : 안녕, 나는 에바라고 해. 너는 프랑스인이니?
톰 : 응, 나는 프랑스인이야. 너는?
에바 : 나는 이탈리아인이야. 반가워!

[3] Je suis étudiant. 나는 학생입니다.

1) 어휘

어휘	뜻	어휘	뜻
étudiant(e)	n.m. 학생	ne... pas	...이 아니다
professeur	n.m. 교수, 선생님	journaliste	n.m. 기자, 저널리스트
de	~의, ~관한	en	(분야, 영역) ~에, ~의 분야에
français	n.m. 프랑스어	un peu	조금, 약간
habiter	살다, 거주하다	seulement	단지, 오직
à	~에, ~에서	alors	그래서, 그러므로
non	아닙니다	beaucoup	많이, 무척

2) 대화

* 원어민 녹음을 듣고 한국어 발음을 적어보세요.

Conversation 1 

Robin : Bonjour Jean !

☞ ______________ !

Jean : Bonjour Robin !

☞ ___________ !

Robin : Etes-vous étudiant ?

☞ ______________ ?

Jean : Oui, je suis étudiant. Et vous ?

☞ ______________. _______ ?

Robin : Je suis professeur, professeur de français.

Est-ce que vous habitez à Paris ?

☞ ____________________________.

_______________________ ?

Jean : Non, j'habite à Lyon. Et vous ?

☞ _______________. _________ ?

Robin : Moi, j'habite à Paris.

☞ ______________________.

Conversation 1

로빈 : 안녕하세요 경!
경 : 안녕하세요 로빈!
로빈 : 당신은 학생인가요?
경 : 네, 저는 학생입니다. 당신은요?
로빈 : 저는 선생입니다, 프랑스어 선생이요.
당신은 빠리에 사시나요?
경 : 아니요, 저는 리옹에 삽니다. 당신은요?
로빈 : 저는 빠리에 살아요.

Conversation 2

Léa : Eva, est-ce que tu es étudiante ?

☞ ______________________________ ?

Eva : Non, je ne suis pas étudiante. Je suis journaliste.

Et toi ? Tu es étudiante ?

☞ ________________________. ____________________.

________ ? ________________ ?

Léa : Oui, je suis étudiante en français.

☞ ______________________________.

Eva : Ah bon ? Tu parles bien français ?

☞ _______ ? ____________________.

Léa : Non, un peu seulement, mais j'aime le français.

☞ ____.

Conversation 2

레아 : 에바, 너는 학생이니?
에바 : 아니, 나는 학생이 아니야. 나는 기자야.
너는? 너는 학생이니?
레아 : 응, 나는 프랑스어과 학생이야.
에바 : 정말? 너는 프랑스어를 잘하니?
레아 : 아니야, 조금 할 뿐이야, 하지만 나는 프랑스어를 좋아해.

Conversation

[4] J'ai un frère et une sœur.

나는 한명의 오빠와 여동생이 있습니다.

1) 어휘

어휘	뜻	어휘	뜻
bon(ne)	a. 좋은, 즐거운, 기분좋은	mince	(구어) 할 수 없다, 하는 수 없다
anniversaire	n.m. 기념일, 생일	ce	(사람, 사물, 관념을 가리키는) 그것
libre	a. 자유로운, 한가로운	cadeau	n.m. 선물
vers	(시간) ~경, 무렵	pour	~을 위한, 위하여
heure	n.f. 시간, 시, 시각	frère	n.m. 오빠, 형, 남동생
désolé(e)	a. 미안한, 애석한, 유감스러운	travailler	일하다
avoir	가지다, 소유하다	université	n.f. 대학교
rendez-vous	n.m. 약속	histoire	n.f. 역사, 역사학
avec	~와 함께, 같이	grand(e)	a. (키, 사이즈 등) 큰, 높은
mon(ma)	나의	joli(e)	a. 예쁜, 귀여운
sœur	n.f. 언니, 누나, 여동생	sociable	a. 사교적인, 사회성이 있는

2) 대화

* 원어민 녹음을 듣고 한국어 발음을 적어보세요.

Conversation 1 

Julie : Bon anniversaire !

☞ ____________________ !

Léo : Merci.

☞ ________.

Julie : Est-ce que tu es libre vers 18h ?

☞ ________________________________ ?

Léo : Désolé, je ne suis pas libre. J'ai un rendez-vous avec ma sœur.

☞ _________________________. ____________________________.

Julie : Ah mince ! Alors tiens, c'est un cadeau pour toi !

☞ ___________________________________ !

Léo : C'est pour moi ? Merci beaucoup !

☞ __________________ ? ___________________ !

Conversation 1

쥴리 : 생일 축하해!
레오 : 고마워.
쥴리 : 너 6시쯤 시간되니?
레오 : 미안, 시간이 안돼. 나의 누나와 약속이 있거든.
쥴리 : 아 할 수 없지! 자, 이거 네 선물이야!
레오 : 내 선물이야? 정말 고마워!

Conversation

Conversation 2

Julie : Léo, As-tu des frères ou des sœurs ?

☞ ______________________________ ?

Léo : Oui, j'ai une sœur. Et toi ?

☞ _______________. __________ ?

Julie : Moi, j'ai un frère et une sœur. Mon frère est étudiant et ma sœur travaille à l'université.

☞ ____.

____.

Léo : Elle est professeur ?

☞ _________________ ?

Julie : Oui, elle est professeur d'histoire.

☞ ______________________________.

Léo : Elle est comment ?

☞ ______________________ ?

Julie : Elle est grande, jolie et sociable.

☞ ____________________________.

Conversation 2

쥴리 : 레오, 너는 형제나 자매가 있니?
레오 : 응, 나는 누나 한 명 있어. 너는?
쥴리 : 나는 오빠 한 명과 언니 한 명이 있어.
나의 오빠는 대학생이고 나의 언니는 대학교에서 근무해.
레오 : 그녀는 교수님이야?
쥴리 : 응, 그녀는 역사 교수님이야.
레오 : 그녀는 어때?
쥴리 : 그녀는 키가 크고, 예쁘고 사회성이 좋아.

Conversation

[5] Où vas-tu ? 너는 어디에 가니?

1) 어휘

어휘	뜻	어휘	뜻
où	어디에, 어디로, 어디에서	qu'est-ce qu'il y a ?	무슨 일이야?
café	n.m. 커피, 카페	aujourd'hui	오늘
près (de)	(~에서) 가까이에	fête	n.f. 축제, 파티
ici	여기에(서)	chez	(~의) 집에(서)
bibliothèque	n.f. 도서관	ce(cette)	이, 그, 저
examen	n.m. 시험, 평가	soir	n.m. 저녁
chance	n.f. 운, 행운	ah bon ?	아 그래요?
pressé(e)	a. 바쁜	félicitations !	축하합니다!
maintenant	지금, 현재	quand	언제
travail	n.m. 일, 직업	avoir lieu	열리다, 개최되다

2) 대화

* 원어민 녹음을 듣고 한국어 발음을 적어보세요.

Conversation 1 

Tom : Salut ! Où vas-tu ?

☞ ________ ! ________________ ?

Julie : Ah, Tom ! Je vais dans un café, il y en a un près d'ici.

Et toi, tu vas où ?

☞ __________ ! _________________. _________________________.

_____________________ ?

Tom : Moi, je vais à la bibliothèque. J'ai un examen demain.

☞ ______________________________. ____________.

Julie : Bonne chance !

☞ ______________ !

Conversation 1

톰 : 안녕! 너 어디가니?
쥴리 : 아, 톰! 나는 카페에 가. 이 근처에 카페가 하나 있거든.
너는 어디가?
톰 : 나는 도서관에 가. 내일 시험이 있거든.
쥴리 : 행운을 빌어!

Conversation 2

Julie : Tom, tu es pressé ?

☞ ____________________ ?

Tom : Oui, un peu, je vais au travail !

Qu'est-ce qu'il y a ?

☞ ____________________ ! ________________________ ?

Julie : Aujourd'hui, c'est mon anniversaire.

Alors, il y a une fête chez moi ce soir.

☞ ______________________________.

________________________________.

Tom : Ah bon ? Félicitations ! À quelle heure ça commence ?

☞ ________ ? _____________ ! ______________________________ ?

Julie : Vers 19h.

☞ ___________.

Conversation 2

쥴리 : 톰, 너 바쁘니?
톰 : 응, 조금, 출근하고 있어! 무슨 일이야?
쥴리 : 오늘 내 생일이거든.
그래서 오늘 저녁에 나의 집에서 파티가 있어.
톰 : 아 그래? 축하해! 파티는 몇시에 시작하니?
쥴리 : 19시 경에.

[6] Je veux inviter mes amis. 나는 나의 친구들을 초대하고 싶어.

1) 어휘

어휘	뜻	어휘	뜻
chercher	찾다	ami(e)	친구
supermarché	n.m. 슈퍼마켓	pouvoir	~할 수 있다
devoir	~해야 한다	venir	오다, (상대방쪽으로)가다
acheter	사다	quel(le)	어떤, 어느, 무슨
quelque chose	무엇인가, 어떤 것(일)	commencer	시작하다
y	(장소) 거기에(서)	assister	참석하다
ensemble	함께, 같이	soirée	n.f. 저녁시간, 파티
boisson	n.f. 음료	plat	n.m. 요리, 음식
avec	(수단) ~으로	aimer	좋아하다, 사랑하다
voiture	n.f. 자동차	adorer	매우 좋아하다
en fait	사실은, 실제는	bœuf	n.m. 소고기
inviter	초대하다	bœuf bourguignon	n.m. 소고기찜, 뵈프 부르기뇽

Conversation

2) 대화

* 원어민 녹음을 듣고 한국어 발음을 적어보세요.

Conversation 1

Tom : Tu vas où ?

☞ ______________ ?

Julie : Je vais au supermarché.

Je dois acheter quelque chose.

☞ ______________________________.

______________________________________.

Tom : Ah bon ? On y va ensemble. Moi aussi, je dois acheter des boissons.

☞ ________ ? __________________. _________________________.

Julie : Alors on y va avec ma voiture !

☞ ___________________________ !

Tom : D'accord !

☞ _________ !

Conversation 1

톰 : 너 어디 가니?
줄리 : 수퍼마켓에 가. 뭐 좀 사야 하거든.
톰 : 아 그래? 같이 가자. 나도, 음료수를 사야 하거든.
줄리 : 그럼 내 차로 가자.
톰 : 좋아!

Conversation 2 

(Au supermarché)

Julie : En fait, j'invite mes amis chez moi demain soir.
Tu peux venir ?

☞ ______________________________.

______________ ?

Tom : À quelle heure commence cette soirée ?

☞ ________________________________ ?

Julie : Ça commence à 19h 30.

☞ _________________________.

Tom : D'accord, je peux venir.

☞ _________________________________.

Julie : Quels plats aimes-tu ?

☞ ___________________ ?

Tom : J'adore le bœuf bourguignon.

☞ ________________________.

Julie : Très bien. À demain soir.

☞ ____________. __________________.

Conversation 2

쥴리 : 사실, 내일 저녁에 내 친구들을 내 집에 초대하려고 해.
너 올 수 있니?
톰 : 파티가 몇 시에 시작해?
쥴리 : 7시 30분에 시작해.
톰 : 좋아, 나는 갈 수 있어.
쥴리 : 너는 어떤 음식을 좋아해?
톰 : 나는 뵈프 부르기뇽을 너무 좋아해.
쥴리 : 좋아. 내일 저녁에 보자!

[7] Je fais du sport. 나는 운동을 한다.

1) 어휘

어휘	뜻	어휘	뜻
finir	끝내다, 마치다	football	n.m. 축구
cinéma	n.m. 영화, 영화관	pays	n.m. 나라, 국가
après	~후에, 다음에	célèbre	a. 유명한
faire	하다, 만들다	pour	~을 위해, (원인 · 이유) ~ 때문에, ~로
sport	n.m. 운동, 운동경기	C'est bien	좋아 좋다
natation	n.f. 수영	jouer	(악기를) 연주하다, (운동경기를)하다
piscine	n.f. 수영장	instrument	n.m. 도구, 악기
super	a. 멋진, 근사한	guitare	n.f. 기타
souvent	흔히, 자주	de temps en temps	가끔씩, 때때로
pratiquer	(행위 · 활동을)하다	piano	n.m. 피아노
normalement	보통		

2) 대화

* 원어민 녹음을 듣고 한국어 발음을 적어보세요.

Conversation 1

Jean : Quand est-ce que tu finis ton travail ?

Tu viens avec moi au cinéma après ?

☞ ______________________ ?

______________________________ ?

Eva : Je suis désolée, je ne peux pas, je dois faire du sport.

☞ ____.

Jean : Tant pis, quel sport fais-tu ?

☞ __________________________ ?

Eva : Je fais de la natation, et toi ?

☞ _______________________ ?

Jean : Moi aussi, j'aime la natation. On va à la piscine ensemble ?

☞ _____________________. _________________________ ?

Eva : Super !

☞ _______ !

Conversation 1

경 : 너의 일이 언제 끝나니? 퇴근 후에 나와 같이 영화관에 갈래?

에바 : 미안해, 못 가, 나 운동을 해야 하거든.

경 : 할 수 없지, 너는 어떤 운동을 하니?

에바 : 나는 수영을 해, 너는?

경 : 나도 수영을 좋아해. 우리 수영장에 같이 갈까?

에바 : 좋아!

Conversation

Conversation 2
(à la piscine)

Jean : Tu viens souvent à la piscine ?

☞ ______________________________ ?

Eva : Oui, je viens ici très souvent.

Et toi ? Quel sport pratiques-tu ?

☞ ____________________. _____ ? ______________________ ?

Jean : Normalement, je fais du football.

Je viens de France, ce pays est très célèbre pour ce sport.

☞ ______________________.

____.

Eva : C'est bien. Est-ce que tu joues aussi d'un instrument ?

☞ _______. ____ ?

Jean : Oui, je fais de la guitare de temps en temps. Et toi ?

☞ ______________________________________. _______ ?

Eva : Je fais souvent du piano.

☞ ______________________________.

Conversation 2

경 : 너는 수영장에 자주 오니?
에바 : 응, 난 이곳에 아주 자주 와. 너는 어떤 운동을 하니?
경 : 보통, 나는 축구를 해. 내가 프랑스 출신이잖아.
프랑스는 축구로 아주 유명해.
에바 : 좋아. 너는 악기도 연주하니?
경 : 응, 나는 가끔씩 기타를 쳐. 너는?
에바 : 나는 피아노를 자주 연주해.

Conversation

[8] Je cherche la station de métro Opéra.

나는 오페라 지하철역을 찾고 있어요.

1) 어휘

어휘	뜻	어휘	뜻
pardon	실례합니다	banque	n.f. 은행
station	n.f. 정류장, 역	minute	n.f. 분
d’ abord	우선, 먼저	se trouver	있다, 위치하다
prendre	(길, 방향) 택하다, 접어들다	adresse	n.f. 주소
premier(ère)	n. 첫번째의	avenue	n.f. 대로
rue	n.f. 거리, 길	voir	보다
(à) gauche	n.f. 왼쪽(으로)	passer	지나가다
traverser	가로지르다	tourner	돌다
place	n.f. 광장	(à) droite	n.f. 오른쪽(으로)
ensuite	그리고 나서	troisième	세번째의
tout droit	똑바로, 직진	de rien	별말씀을요
jusqu’ à	~까지		

2) 대화

* 원어민 녹음을 듣고 한국어 발음을 적어보세요.

Conversation 1

Sylvie : Pardon monsieur ! Je cherche la station de métro Opéra.

☞ ______________ ! ____.

Monsieur : Ah ! D'abord, prenez la première rue à gauche et traversez la place.
Ensuite, allez tout droit jusqu'à la banque.
Et vous allez voir la station de métro Opéra.

☞ ____ ! ____.

____.

____.

Sylvie : C'est loin d'ici ?

☞ ___________________ ?

Monsieur : Non, c'est à trois minutes à pied.

☞ _____________________________.

Sylvie : Merci beaucoup !

☞ _________________ !

Conversation

Conversation 1

실비 : 실례합니다! 저는 오페라역을 찾고 있는데요.
남자 : 아! 우선, 왼쪽 첫 번째 길로 가서 광장을 건너세요.
그런 다음, 은행까지 곧장 가세요. 그럼 오페라 역이 보일 것입니다.
실비 : 여기에서 머나요?
남자 : 아니요, 걸어서 3분입니다.
실비 : 매우 감사합니다!

Conversation 2 

Paul : Pardon, madame !

Où se trouve cette adresse ?

☞ ______________ ! __________________________________ ?

Madame : Ah, 22 avenue Victor ! Vous voyez la banque ?

☞ ___________________ ! _________________________ ?

Paul : Oui.

☞ ______.

Madame : Passez devant cette banque et tournez à droite.

☞ ____.

Paul : Et après ?

☞ _____________ ?

Madame : Prenez la troisième rue à gauche, et vous y êtes.

☞ ____.

Paul : Vous êtes très gentille. Merci, madame !

☞ ___________________. ____________________ !

Madame : De rien, au revoir !

☞ ____________________ !

Conversation 2

폴 : 실례합니다, 부인! 이 주소가 어디에 위치해 있습니까?
여자 : 아, 빅토르 거리 22번가요! 은행 보이세요?
폴 : 네.
여자 : 그 은행 앞을 지나시고 오른쪽으로 도세요.
폴 : 그 다음은요?
여자 : 세 번째 왼쪽길로 가세요, 거기에요.
폴 : 매우 친절하시네요. 고맙습니다, 부인!
여자 : 천만에요, 안녕히 가세요!

[9] Je prends le steak. 스테이크로 할게요.

1) 어휘

어휘	뜻	어휘	뜻
carte	n.f. 메뉴	terrasse	n.f. 테라스
s'il vous plaît	부탁합니다	par ici	이쪽, 이곳으로
voilà	예, 여기 있습니다	quoi	무엇, 무엇을
steak	n.m. 스테이크	comme	~로서
bien cuit	(고기의 굽기)웰던	entrée	n.f. 전식
ou	또는	salade	n.f. 샐러드
saignant	(고기의 굽기)설익힌	poulet	n.m. 닭고기
d'accord	동의 · 동감하다	rôti	a. 구운
pour	(방향, 대상) ~에게	légume	n.m. 채소
conseiller	조언하다	coca	n.m. 콜라
plat du jour	n.m. 오늘의 요리	à la fin de	~의 끝에, 후에
réservation	n.f. 예약	repas	n.m. 식사
seul(e)	a. 혼자, 홀로	addition	n.f. 계산서
sur	(장소)~에서		

Conversation

2) 대화

* 원어민 녹음을 듣고 한국어 발음을 적어보세요.

Conversation 1 

Julie : Monsieur, la carte s'il vous plaît !

☞ ______________________________ !

Serveur : Voilà. Qu'est-ce que vous prenez ?

☞ _______. ____________________________ ?

Julie : Je prends le steak.

☞ ___________________.

Serveur : Bien cuit ou saignant ?

☞ __________________________ ?

Julie : Bien cuit, s'il vous plaît !

☞ ____________________ !

Serveur : D'accord, et pour vous Madame ?

☞ _______________________________ ?

Eva : Pouvez-vous me conseiller ?

☞ ___________________________ ?

Serveur : Je vous conseille le plat du jour.

☞ ______________________________.

Conversation 1

쥴리 : 메뉴판 주세요!
종업원 : 여기 있습니다. 무엇을 드시겠어요?
쥴리 : 저는 스테이크요.
종업원 : 잘 익혀서요 아니면 설익혀서요?
쥴리 : 잘 익혀서 주세요!
종업원 : 알겠습니다, 부인은요?
에바 : 조언해주실 수 있으세요?
종업원 : 오늘의 요리를 추천해요.

Conversation 2

Serveuse : Avez-vous une réservation ?

☞ ______________________ ?

Pierre : Non, et je viens seul.

Est-ce qu'il y a une place sur la terrasse ?

☞ ____________________.

________________________________ ?

Serveuse : Bien sûr, par ici !

Vous prenez quoi comme entrée ?

☞ ______________ !

___________________________ ?

Pierre : Une salade, s'il vous plaît ! Et quel est le plat du jour ?

☞ _____________________ !

Serveuse : Aujourd'hui, nous avons du poulet rôti avec des légumes.

☞ ____.

Pierre : Bon, je prends ça.

☞ __________________.

Serveuse : D'accord. Que prenez-vous comme boisson ?

☞ ________________________________ ?

Pierre : Un coca, s'il vous plaît !

[À la fin du repas] L'addition, s'il vous plaît !

☞ _________________________ !

____ !

Conversation 2

종업원 : 예약하셨어요?
삐에르 : 아니요, 저는 혼자에요. 테라스에 자리 있나요?
종업원 : 물론이죠, 이쪽입니다!
전채 요리로는 무엇을 드실 건가요?
삐에르 : 샐러드, 주세요! 오늘의 요리는 무엇입니까?
종업원 : 오늘은, 야채를 곁들인 구운 닭이 있어요.
삐에르 : 좋아요, 그거 주세요.
종업원 : 알겠습니다. 음료로는 무엇을 드시겠어요?
삐에르 : 콜라, 주세요.
[식사 후에] 계산서, 주세요!

[10] Je viens d'acheter cette jupe.

나는 방금 이 치마를 샀습니다.

1) 어휘

어휘	뜻	어휘	뜻
jupe	n.f. 치마	parce que	왜냐하면
échanger	교환하다	convenir (à)	(에) 어울리다
problème	n.m. 문제, 문제점	(à la) mode	n.f. 유행(하는)
taille	n.f. 치수, 사이즈	parfait(e)	a. 완벽한
revenir	돌아오다, 다시 오다	coûter	가격이 …이다
aider	도와주다	euro	n.m. 유로(화)
puis	pouvoir의 1인칭단수형(Puis-je)	trop	너무, 몹시
essayer	입어 · 신어보다	cher(ère)	a. 비싼
autre	a. 다른	réduction	n.f. 할인
chaussure	n.f. 신발	réfléchir	숙고하다

2) 대화

* 원어민 녹음을 듣고 한국어 발음을 적어보세요.

Conversation 1 

Eva : Bonjour, Madame !

Je viens d'acheter cette jupe. Mais elle est trop petite.

Je peux l'échanger ?

☞ ______________ !

__________________________. ___________________________.

____________________ ?

Eva : Pas de problème ! Quelle taille faites-vous ?

☞ _______________ ! _________________________ ?

Eva : Je fais du 34.

☞ _________________.

Vendeur : Ah ! Désolée, je n'ai pas cette taille.

Pouvez-vous revenir demain ?

☞ ___ ! _______________________________.

____ ?

Eva : D'accord. je vais revenir.

☞ ______________________.

Conversation 1

에바 : 안녕하세요, 부인!
이 치마를 방금 샀는데요. 그런데 너무 작아요.
교환할 수 있을까요?
판매원 : 문제없어요! 치수가 어떻게 되시나요?
에바 : 34입니다.
판매원 : 아 ! 미안해요, 이 치수가 없네요.
내일 다시 올 수 있나요?
에바 : 알겠습니다. 다시 올게요.

Conversation 2 

Vendeur : Bonjour, je peux vous aider ?

☞ ______________________ ?

Paul : Oui, je viens d'essayer ces chaussures, mais elles ne me
convviennent pas.
Puis-je m'en essayer d'autres ?

☞ ____.

______________________________________ ?

vendeur : Hum... alors, essayez cette paire, ce sont des chaussures à la mode.

☞ ____.

Paul : C'est parfait. Combien coûtent-elles ?

☞ __________. ______________________ ?

vendeur : Elles coûtent 100 euros.

☞ ______________________.

Paul : Ah bon ? C'est trop cher pour moi !
Est-ce que vous ne pouvez pas me faire une petite réduction ?

☞ _____ ? ___________________ !

____ ?

vendeur : Non, désolé !

☞ ____________ !

Paul : Tant pis !

Je vais réfléchir.

☞ ____________ !

____________.

Conversation 2

판매원 : 안녕하세요, 도와드릴까요?
뽈 : 네, 제가 방금 이 신발을 신었는데요, 저에게 어울리지 않아요.
다른 신발을 신어봐도 될까요?
판매원 : 음 … 그럼, 이 신발 한 켤레를 신어보세요, 유행하는 신발입니다.
뽈 : 좋네요. 얼마에요?
판매원 : 100유로입니다.
뽈 : 정말요? 저에게는 매우 비싸네요!
조금 할인해 주실 수 있으세요?
판매원 : 아니요, 미안합니다!
뽈 : 할 수 없죠!
생각해 볼게요!

3. 프랑스어 표현

1) 인사 표현

만났을 때		헤어질 때	
Bonjour !	(낮 인사) 안녕하세요, 안녕!	Au revoir !	안녕히 가세요, 안녕!
Bonsoir !	(저녁 인사) 안녕하세요, 안녕!	À bientôt !	또 만나요, 또 보자!
Salut !	(시간에 관계없이, 헤어질 때도 사용, 구어적 표현) 안녕!	À tout à l'heure !	조금 있다가 보자!
		Tchao, Ciao !	(구어) 안녕, 잘가!
		Salut !	안녕, 잘가!

* 원어민 녹음을 들어보고, 친구와 함께 대화해보세요.

ex1) A : Bonjour Monsieur !
B : Bonjour Madame ! Ça va ?
A : Moi, ça va. À tout à l'heure !
B : À tout à l'heure !

A : 안녕하세요!
B : 안녕하세요! 잘 지내세요?
A : 저는 잘 지냅니다. 조금 후에 봐요!
B : 조금 후에 봐요!

ex2) A : Salut Paul !
B : Salut Mina ! Tu vas bien ?
A : Oui, je vais bien. À bientôt !
B : À bientôt ! Tchao !

A : 안녕 뽈!
B : 안녕 미나! 잘 지내니?
A : 응, 나는 잘 지내. 또 보자!
B : 또 보자! 안녕!

Conversation

2) 국가 및 국적 표현

국가		국적(남성)	국적(여성)
la France	프랑스	français	française
l'Angleterre	영국	anglais	anglaise
l'Allemagne	독일	allemand	allemande
la Belgique	벨기에	belge	belge
la Suisse	스위스	suisse	suisse
l'Italie	이탈리아	italien	italienne
l'Espagne	스페인	espagnol	espagnole
la Russie	러시아	russe	russe
la Chine	중국	chinois	chinoise
la Corée	한국	coréen	coréenne
le Japon	일본	japonais	japonaise
le Canada	캐나다	canadien	canadienne
les États-Unis	미국	américain	américaine

* 원어민 녹음을 들어보고, 친구와 함께 대화해보세요.

ex1) A : Monsieur, êtes-vous français ?
B : Oui, je suis français. Et vous ?
A : Moi, je suis coréenne. Enchantée !
B : Enchanté !

A : 당신은 프랑스인이세요?
B : 네, 저는 프랑스인입니다. 당신은요?
A : 저, 저는 한국인입니다. 반갑습니다!
B : 반갑습니다!

ex2) A : Bonjour Madame ! Voici Eric.
B : Enchantée, Eric ! Est-ce que vous êtes belge ?

A : Oui, je suis belge. Et vous ?
B : Je suis canadienne.

A : 안녕하세요 부인! 여기는 에릭입니다.
B : 반가워요, 에릭! 당신은 벨기에인이세요?
A : 네, 저는 벨기에인입니다. 당신은요?
B : 저는 캐나다인입니다.

3) 언어명 표현

언어		언어	
le français	프랑스어	l'italien	이탈리아어
l'anglais	영어	le russe	러시아어
l'allemand	독일어	le coréen	한국어
l'arabe	아랍어	le chinois	중국어
l'espagnol	스페인어	le japonais	일본어

모든 언어는 남성 명사이다.

4) 직업명 표현

직업	의미	직업	의미
étudiant(e)	학생	chanteur(euse)	가수
avocat(e)	변호사	danseur(euse)	무용가, 댄서
professeur	선생님	acteur(trice)	배우
journaliste	기자	musicien(ne)	음악가
secrétaire	비서	cuisinier(ère)	요리사
artiste	예술가	boulanger(ère)	제빵사

Conversation

* 원어민 녹음을 들어보고, 친구와 함께 대화해보세요.

ex1) A : Est-ce que tu es chanteur ?
B : Oui, je suis chanteur. Et toi ?
A : Moi, je suis cuisinière.
B : Ah bon ? Super !

A : 너는 가수니?
B : 응, 나는 가수야. 너는?
A : 나, 나는 요리사야.
B : 정말? 멋지다!

ex2) A : Est-il étudiant ?
B : Non, il n'est pas étudiant. Il est artiste. Il travaille à Paris.
A : Génial ! Alors, il parle bien français ?
B : Bien sûr ! Il parle très bien français.

A : 그는 학생이니?
B : 아니, 그는 학생이 아니야. 그는 예술가야. 그는 빠리에서 일해.
A : 멋지다! 그럼, 그는 프랑스어를 잘 하겠네?
B : 물론이지! 그는 프랑스어를 굉장히 잘해.

5) 성격 및 외모 표현

성격을 나타내는 형용사		외모를 나타내는 형용사	
gentil(le)	친절한	beau/belle	잘생긴, 예쁜
sympathique	호감적인	joli(e)	예쁜, 귀여운
aimable	다정다감한	mignon(ne)	귀여운
méchant(e)	못된	moche	못생긴
gai(e)	쾌활한	mince	날씬한
actif(ve)	활동적인	gros(se)	뚱뚱한
timide	소심한	grand(e)	키가 큰
		petit(e)	키가 작은

* 원어민 녹음을 들어보고, 친구와 함께 대화해보세요.

ex1) A : Est-ce que tu as des frères et soeurs ?
B : Oui, j'ai un frère.
A : Il est comment ?
B : Il est petit mais beau.

A : 너는 형제나 자매가 있니?
B : 응, 난 형이 한 명 있어.
A : 그는 어때?
B : 그는 키가 작지만 잘 생겼어.

ex2) A : J'ai deux sœurs. Et toi ?
B : Moi, j'ai une sœur.
A : Elle est comment ?
B : Elle est mince, mignonne et aimable.

A : 나는 언니가 두 명 있어. 너는?
B : 나, 나는 언니가 한 명 있어.
A : 그녀는 어떠니?
B : 그녀는 날씬하고, 귀엽고 그리고 다정다감해.

6) Bon(Bonne)를 이용한 표현

Bon + 명사		Bonne + 명사	
Bon anniversaire !	생일 축하합니다!	Bonne chance !	행운을 빌어요!
Bon appétit !	맛있게 드세요!	Bonne journée !	좋은 하루 되세요!
Bon voyage !	즐거운 여행되세요!	Bonne soirée !	즐거운 저녁시간 보내세요!
Bon courage !	힘내세요!	Bonne nuit !	안녕히 주무세요! 잘자!
Bon week-end !	좋은 주말 보내세요!	Bonne année !	새해 복 많이 받으세요!
		Bonne vacances !	즐거운 바캉스 · 방학 보내세요!

Conversation

* 원어민 녹음을 들어보고, 친구와 함께 대화해보세요.

ex1) A : Tu vas où ?
B : Je vais au cinéma. Et toi ?
A : Moi, je vais à la maison. Bonne journée !
B : Bonne journée !

A : 너 어디가니?
B : 나 영화관에 가. 너는?
A : 나, 나는 집에 가. 좋은 하루 보내!
B : 좋은 하루 보내!

ex2) A : Tu es où ?
B : Je suis à Paris pour les vacances !
A : Ah bon ? Bonnes vacances !
B : Bonnes vacances !

A : 너 어디에 있니?
B : 나는 바캉스를 위해 빠리에 있어 !
A : 정말? 바캉스 잘 보내!
B : 바캉스 잘 보내!

7) 요일 · 월 · 계절 표현

요일 (jour)		월 (mois)		계절 (saison)	
lundi	월	janvier	1월	printemps	봄
mardi	화	février	2월	été	여름
mercredi	수	mars	3월	automne	가을
jeudi	목	avril	4월	hiver	겨울
vendredi	금	mai	5월		
samedi	토	juin	6월		
dimanche	일	juillet	7월		
		août	8월		

		septembre octobre novembre décembre	9월 10월 11월 12월		

* 원어민 녹음을 들어보고, 친구와 함께 대화해보세요.

ex1) A : Quelle est la date, aujourd'hui ?
B : Aujourd'hui, c'est le mercredi 24 février.
A : Ah bon ? Demain, c'est l'anniversaire de mon fils.
B : Ah super !

A : 오늘이 몇 월 며칠이야?
B : 오늘, 2월 24일 수요일이야.
A : 정말? 내일, 나의 아들 생일이네.
B : 최고다!

ex2) A : Quelle saison aimes-tu ?
B : Moi, j'adore l'été. J'aime nager au soleil. Et toi ?
A : Je préfère l'automne. J'aime bien l'air frais.
B : Moi aussi, j'aime bien.

A : 너는 어떤 계절을 좋아하니?
B : 나, 나는 여름을 너무 좋아해. 나는 수영하는 것을 좋아하거든. 너는?
A : 나는 가을이 좋아. 선선한 공기가 좋아.
B : 나 또한, 선선한 공기를 좋아해.

8) faire / jouer 동사를 활용한 취미활동 표현

faire + 부분관사 + 운동경기명 · 악기명		jouer + 부분관사 + 운동경기명 · 악기명	
faire du sport	운동을 하다	jouer au football	축구를 하다
faire du football	축구를 하다	jouer au baseball	야구를 하다
faire du basketball	농구를 하다	jouer au tennis	테니스를 치다

Conversation

faire du baseball	야구를 하다	jouer du piano	피아노를 치다
faire du yoga	요가를 하다	jouer de la guitare	기타를 치다
faire de la natation	수영을 하다		
faire de la musique	음악을 하다		
faire du piano	피아노를 치다		
faire du violon	바이올린을 켜다		
faire de la guitare	기타를 치다		

* 원어민 녹음을 들어보고, 친구와 함께 대화해보세요.

ex1) A : Quel sport aimes-tu ?
B : J'aime bien le yoga.
A : Moi, je fais du tennis tous les jours.
B : Ah, moi j'en fais de temps en temps.

A : 너는 어떤 운동을 좋아하니?
B : 나는 요가를 좋아해. 너는?
A : 나, 나는 매일 테니스를 쳐.
B : 아, 나는 가끔 테니스를 쳐.

ex2) A : Est-ce que tu aimes la musique ?
B : Oui, j'aime la musique. En fait, je fais souvent du piano. Et toi ?
A : Ah bon ? Moi, je fais du violon.
B : Génial !

A : 너는 음악을 좋아하니?
B : 응, 나는 음악을 좋아해. 사실, 나는 자주 피아노를 연주해. 너는?
A : 정말? 나, 나는 바이올린을 켜.
B : 멋지다!

9) 길 묻고 안내하는 표현

표현	의미
Pardon, Notre-Dame de Paris, s'il vous plaît ?	실례지만 노트르담 성당이 어디인가요?
Où est la tour Eiffel ?	에펠탑이 어디에 있나요?
Je cherche le Louvre ...	저는 루브르 박물관을 찾고 있는데요...
prendre la rue	길, 도로를 접어들다, 들어서다
continuer tout droit	직진하다
se trouver devant	~ 앞에 위치하다
se trouver à côté de	~ 옆에 위치하다

* 원어민 녹음을 들어보고, 친구와 함께 대화해보세요.

ex1) A : Pardon, où est la station de métro Opéra, s'il vous plaît ?
B : Allez tout droit jusqu'au supermarché.
A : Et après ?
B : Tournez à gauche, elle se trouve devant la banque.

A : 실례지만 오페라역이 어디인가요?
B : 슈퍼마켓까지 곧장 가세요.
A : 그 다음은요?
B : 왼쪽으로 돌면 은행 앞에 역이 있습니다.

ex2) A : Où sont les Champs-Élysées ?
B : D'abord, prenez la première rue à droite et traversez la place.
Ensuite, continuez tout droit jusqu'au bout.
A : C'est près d'ici ?
B : Oui, c'est à 10 minutes à pied.

A : 샹젤리제 거리가 어디에 있나요?
B : 먼저, 오른쪽 첫 번째 길로 가서 광장을 건너세요.
그 다음에, 끝까지 직진하세요.
A : 여기에서 가깝나요?
B : 네, 걸어서 10분입니다.

Conversation

10) 프랑스 식사 순서와 음식명 표현

식사순서		음식명	
entrée	전식	salade de tomates	토마토 샐러드
plat	메인요리	pâté de campagne	파테 드 캉파뉴
fromage ou dessert	치즈 또는 디저트	soupe à l'oignon	양파 수프
café ou thé	커피 또는 차	steak frites	감자튀김을 곁들인 스테이크
		entrecôte	갈비
		poisson grillé	생선구이
		gâteau au chocolat	초콜릿 케이크
		tarte aux pommes	사과파이
		glace à la vanille	바닐라 아이스크림
		expresso	에스프레소
		café au lait	카페오레
		thé noir	홍차

* 원어민 녹음을 들어보고, 친구와 함께 대화해보세요.

ex1) A : Qu'est-ce que vous prenez comme plat ?
B : Je prends l'entrecôte.
A : Fromage ou dessert ?
B : Une glace à la vanille, s'il vous plaît.

A : 메인요리로 무엇을 드시겠어요?
B : 저는 갈비로 하겠습니다.
A : 치즈 또는 디저트로는요?
B : 바닐라 아이스크림, 주세요.

ex2) A : Vous prenez quoi comme entrée ?
B : Je prends la salade de tomates.
A : Fromage ou dessert ?
B : Non, merci. Je voudrais seulement un café.

A : 전채 요리로 무엇을 드시겠어요?
B : 토마토 샐러드 하겠습니다.

A : 치즈 또는 디저트로는요?
B : 괜찮습니다. 저는 커피 한 잔만 마시겠습니다.

11) 의류 및 소품 표현

의류		신발	
blouson	점퍼		
costume	정장		
jupe	치마		
manteau	외투, 코트	basket	운동화
pantalon	바지	botte	부츠
robe	원피스, 드레스	pantoufle	슬리퍼
veste	윗옷, 상의	sandale	샌들
ceinture	벨트	soulier	구두
chapeau	모자		
cravate	넥타이		
foulard	스카프		
sac	가방		

* 원어민 녹음을 들어보고, 친구와 함께 대화해보세요.

ex1) A : Bonjour ! Je viens d'acheter ce manteau, mais il est trop grand.
Je peux l'échanger ? Je fais du 38.
B : Bien sûr !

A : 안녕하세요! 제가 방금 이 코트를 샀는데요, 크네요.
교환할 수 있을까요? 저는 38사이즈를 입습니다.
B : 물론이죠!

ex2) A : Excusez-moi, je viens d'essayer ces bottes, mais elles ne me vont pas. Puis-je essayer d'autres bottes ?
B : Pas de problème ! Essayez celles-là. Je pense qu'elles vous vont très bien.

A : 실례합니다, 제가 방금 이 부츠를 신었는데, 저에게 안 어울리네요.
다른 부츠를 신어봐도 될까요?
B : 문제 없어요! 이 부츠를 신어보세요, 당신에게 잘 어울릴 것이라 생각합니다.

4. 프랑스어 상황극

[1] Bonjour !

* [프랑스어 대화 1과] 편 참고

■ Étape 1 : 녹음을 듣고 자유롭게 대답해 보세요.

A: Salut ! Ça va ?

B: ____________________

A: Moi aussi, ça va.

B: ____________________

■ Étape 2 : 친구와 함께 역할극을 해보세요.

당신은 길을 가다 우연히 친구를 만났습니다.
그 친구와 인사를 나누고 안부를 물어보세요.

[2] Je m'appelle Eva !

*** [프랑스어 대화 2과] 편 참고**

■ Étape 1 : 녹음을 듣고 자유롭게 대답해 보세요.

A: Comment vous appelez-vous ?

B: ______________________________

A: Tu es français ?

B: ______________________________

■ Étape 2 : 친구와 함께 역할극을 해보세요.

당신의 친구를 다른 사람에게 소개해 보세요.
이름과 국적을 묻고 반가움을 표현해 보세요.

[3] Je suis étudiant.

*** [프랑스어 대화 3과] 편 참고**

■ Étape 1 : 녹음을 듣고 자유롭게 대답해 보세요.

A: Est-ce que vous êtes étudiant ?

B: ______________________________

A: Vous habitez à Séoul ?

B: ______________________________

A: Tu parles français ?

B: ______________________________

■ Étape 2 : 친구와 함께 역할극을 해보세요.

소개받았던 친구를 다시 만났습니다.
친해질 수 있도록 직업과 살고 있는 곳을 물어보세요.

[4] J'ai un frère et une sœur.

* [프랑스어 대화 4과] 편 참고

■ Étape 1 : 녹음을 듣고 자유롭게 대답해 보세요.

A: Tu es libre vers 13h ?

B: ____

A: As-tu des frères et sœurs ?

B: ____

A: Il est comment ?

B: ____

■ Étape 2 : 친구와 함께 역할극을 해보세요.

생일을 맞은 친구네 집에 놀러 가서 축하해 주세요.
친구의 가족사진을 보며 질문해보세요.

[5] Où vas-tu ?

*** [프랑스어 대화 5과] 편 참고**

■ Étape 1 : 녹음을 듣고 자유롭게 대답해 보세요.

A: Où vas-tu ?

B: ____________________

A: Tu es pressé ?

B: ____________________

A: J'ai un examen demain !

B: ____________________

■ Étape 2 : 친구와 함께 역할극을 해보세요.

급하게 길을 가다가 친구를 만났습니다.
가고 있는 장소와 급하게 가는 이유를 설명해보세요.

[6] Je veux inviter mes amis.

*** [프랑스어 대화 6과] 편 참고**

■ Étape 1 : 녹음을 듣고 자유롭게 대답해 보세요.

A: Tu vas où ?

B: ______________________________

A: À quelle heure commence cette fête ?

B: ______________________________

A: Quels plats aimes-tu ?

B: ______________________________

■ Étape 2 : 친구와 함께 역할극을 해보세요.

당신은 내일 파티를 열 계획입니다.
당신의 친구를 초대해 보세요.

Conversation

[7] Je fais du sport.

* [프랑스어 대화 7과] 편 참고

■ Étape 1 : 녹음을 듣고 자유롭게 대답해 보세요.

A: Tu viens avec moi au concert après ton travail ?

B: ______________________________

A: Quel sport fais-tu ?

B: ______________________________

A: On va au cinéma ensemble ?

B: ______________________________

■ Étape 2 : 친구와 함께 역할극을 해보세요.다음 역할극을 해보세요.

일이 끝난 후에 당신은 친구와 함께 여가를 즐기기 원합니다.
친구에게 함께 할 수 있는 활동에 대하여 이야기해보세요.

[8] Je cherche la station de métro Opéra.

* [프랑스어 대화 8과] 편 참고

■ Étape 1 : 녹음을 듣고 자유롭게 대답해 보세요.

A: Où se trouve cette adresse ?

B: ____________________

A: C'est loin d'ici ?

B: ____________________

A: Je cherche la station de metro Opéra s'il vous plaît ?

B: ____________________

■ Étape 2 : 친구와 함께 역할극을 해보세요.

당신은 빅토르길 20번가를 찾고 있습니다.
지나가는 사람에게 가는 길에 대하여 물어보세요.

[9] Je prends le steak.

*** [프랑스어 대화 9과] 편 참고**

■ Étape 1 : 녹음을 듣고 자유롭게 대답해 보세요.

A: Qu'est-ce que vous prenez ?

B: ______________________________

A: Pouvez-vous me conseiller ?

B: ______________________________

A: Que prenez-vous comme boisson ?

B: ______________________________

■ Étape 2 : 친구와 함께 역할극을 해보세요.

당신은 프랑스 레스토랑에서 식사하려 합니다.
창가 쪽 자리를 물어보고 식사와 음료를 주문해보세요.

[10] Je viens d'acheter cette jupe.

*** [프랑스어 대화 10과] 편 참고**

■ Étape 1 : 녹음을 듣고 자유롭게 대답해 보세요.

A: Quelle taille faites-vous ?

B: ______________________________

A: Pouvez-vous revenir demain ?

B: ______________________________

A: Elles coûtent 500 euros.

B: ______________________________

■ Étape 2 : 친구와 함께 역할극을 해보세요.

당신은 조금전에 치마를 구입했지만 약간 작은 것 같습니다.
치수를 말하고 교환해 보세요.

III. 문제풀이

Exercices

1. 문법

   1) 명사, 관사
   2) 인칭대명사
   3) 동사
   4) 의문문 / 부정문 / 의문부사 / 의문대명사
   5) 형용사
   6) 대명동사 / 준조동사 / 명령문 / 장소부사
   7) 중성대명사 / 근접미래 / 근접과거

2. 작문

Exercices

1. 문법

1) 명사 / 관사

1. 다음 남성 명사를 여성 명사로 바꿔보세요.

1) étudiant →

2) artiste →

3) président →

4) canadien →

5) ami →

6) russe →

7) coq →

8) boulanger →

2. 다음 명사에 해당하는 부정관사와 정관사를 넣어보세요.

1) ordinateur →

2) cinéma →

3) tables →

4) école →

5) café au lait →

6) amis →

7) baguette →

8) étudiante →

9) japonais →

10) femmes →

3. 다음 ( ) 안에 알맞은 정관사 축약을 넣어보세요.

1) Je vais (   ) hôtel.

2) Tu es (   ) supermarché.

3) Nous allons (   ) parc.

4) Vous allez (   ) banque ?

5) Ils sont (   ) Champs-Elysées.

6) Il va (   ) école.

4. 다음 보기를 보고 ( ) 안에 알맞은 부분관사를 넣어보세요.

du	**de la**	**des**	**de l'**

1) Tu as (   ) eau ?

2) Vous voulez (   ) beurre ?

3) Elle veut (   ) café.

4) Nous mangeons (   ) fruits tous les jours.

5) J' ai (   ) chance !

Exercices

2) 인칭대명사

1. 다음 빈칸에 주어인칭대명사와 강세형 인칭대명사를 넣어보세요.

	주어인칭 대명사	강세형 인칭대명사		주어인칭 대명사	강세형인칭 대명사
나는			우리들은		
너는			당신(들) / 너희들은		
그는			그들은		
그녀는			그녀들은		

2. 밑줄 친 부분에 해당하는 프랑스어 단어를 (　) 안에 써보세요.

1) (　　), (　　) vont bien. 그들, 그들은 잘 지낸다.

2) (　　), (　　) s'appelle Namsou. 그, 그의 이름은 남수이다.

3) (　　), (　　) parle français. 나, 나는 프랑스어를 말한다.

4) (　　), (　　) aimons Paris. 우리, 우리는 파리를 좋아한다.

3. 다음 밑줄 친 단어를 목적보어 인칭대명사로 바꿔보세요.

1) Il téléphone à son professeur. → Il (　　) téléphone.

2) Vous donnez la solution. → Vous (　　) donnez.

3) Elle aime le chocolat. → Elle (　　) aime.

4) Il achète le livre et le cahier. → Il (　　) achète.

4. 다음 질문에 알맞은 목적보어 인칭대명사를 넣어 대답해보세요.

1) Est-ce qu' il vous aide beaucoup ?

Oui, ______________________________

2) Est-ce qu' elle m' invite ?

Oui, ______________________________

3) Vous regardez la télévision ?

Non, ______________________________

3) 동사

1. 다음 ( ) 안에 알맞은 동사변화를 넣어보세요.

1) Tu ( ) la tour Eiffel. ← regarder

2) Vous ( ) bien. ← chanter

3) Il ( ) avec Paul. ← travailler

4) Nous ( ) le français. ← étudier

2. aller 동사를 알맞게 변형시켜 ( ) 안에 써보세요.

1) Moi, je ( ) bien.

2) Comment ( ) -tu ?

Exercices

3) Vous (   ) bien ?

4) Il (   ) bien.

5) Elles (   ) très bien.

3. avoir를 동사를 알맞게 변형시켜 보세요.

1) Il (   ) un joli chat.

2) J' (   ) des amis.

3) Vous (   ) une jupe noire ?

4) Tes étudiants (   ) des livres.

5) Tu (   ) une grande maison.

4. faire 동사를 알맞게 변형시켜 보세요.

1) Je (   ) du football.

2) Nous (   ) du sport.

3) Elle (   ) de la natation.

4) Vous (   ) du piano.

4) 의문문 / 부정문 / 의문부사 / 의문대명사

1. 다음 문장은 의문문으로 바꿔보세요.

1) Vous parlez français.

→ ______________________________

2) Elle s'appelle Ninon.

→ ______________________________

3) Il aime Paris.

→ ______________________________

2. 다음 보기를 보고 ( ) 안에 해당하는 단어를 넣어보세요.

plus personne ne...ni...ni jamais pas

1) Il n'y a (   ) dans la rue. 거리에 아무도 없다.

2) Je ne parle (   ) anglais (   ) français. 나는 영어도 프랑스어도 못한다.

3) Elle ne fait (   ) de sport. 그녀는 결코 운동을 하지 않는다.

4) Tu n'as (   ) de monnaie ? 너는 더 이상 잔돈이 없니?

5) Ils ne sortent (   ) le week-end. 그들은 주말에 외출하지 않는다.

Exercices

3. 다음 보기를 보고 ( ) 안에 알맞은 의문부사를 넣어보세요.

pourquoi **combien** **quand** **où** **comment**

1) A: (   ) allez-vous ?

   B: Je vais à Séoul.

2) A : Elle arrive (   ) ?

   B: Elle arrive demain.

3) A: Vous avez (   ) de sœurs ?

   B: J'ai une soeur.

4. 다음 ( ) 안에 알맞은 의문대명사를 넣어보세요.

1) (   ) regardes-tu ? 너는 누구를 보니?

2) (   ) c'est ? 이것은 무엇입니까?

3) (   ) manges-tu ? 너는 무엇을 먹니?

4) (   ) lit le journal ? 누가 신문을 읽니?

5) (   ) cherchez-vous ? 당신은 무엇을 찾으세요?

6) (   ) elle aime ? 그녀는 무엇을 좋아해요?

5) 형용사

1. 다음 남성 형용사를 여성 형용사로 바꿔보세요.

1) sociable →

2) coréen →

3) heureux →

4) intelligent →

5) joli →

6) honnête →

7) gentil →

8) mignon →

9) sympathique →

10) actif →

2. 다음 형용사의 복수형을 써보세요.

1) rouge →

2) sérieux →

3) nouveau →

4) belle →

5) grande →

6) gris →

7) content →

8) beau →

3. 다음 ( ) 안에 알맞은 소유 형용사를 넣어보세요.

1) (   ) voiture 너의 자동차

2) (   ) sac 그의 가방

3) (   ) crayon 그들의 연필

6) (   ) chambre 그의 방

7) (   ) étudiants 나의 학생들

8) (   ) professeurs 그들의 선생님들

Exercices

4) ( ) amie 너의 여자친구

5) ( ) école 그녀의 학교

9) ( ) gâteau 그녀의 케이크

10) ( ) chiens 우리들의 강아지들

4. 다음 〈보기〉를 보고 ( ) 안에 알맞은 의문형용사 또는 지시형용사를 넣어보세요.

quel quelle quels quelles ce cette ces cet

1) ( ) acteur aime-t-elle ? 〈 의문형용사 〉

2) ( ) livres veux-tu ? 〈 의문형용사 〉

3) ( ) est le pantalon de Pierre ? 〈 의문형용사 〉

4) ( ) homme est beau. 〈 지시형용사 〉

5) J' aime ( ) langue. 〈 지시형용사 〉

6) ( ) robe est jolie. 〈 지시형용사 〉

6) 대명동사 / 준조동사 / 명령문 / 장소부사

1. 다음 ( ) 안에 해당하는 조동사의 변화형을 넣어보세요.

1) Ils ( ) avoir des sacs noirs. → vouloir

2) Vous ( ) faire du sport. → devoir

3) Elle ( ) entrer dans la chambre. → pouvoir

4) Je ( ) étudier le français. → devoir

2. 다음 ( ) 안에 알맞은 대명동사의 변화형을 써보세요.

1) Je ( ) chez moi. → se reposer

2) Elle ( )à 11 heures. → se coucher

3) Elles ( ) beaucoup. → s' aimer

4) Tu ( ) avec ton chien ? → se promener

3. 다음 ( ) 안에 밑줄 친 단어의 명령형을 써보세요.

1) ( ) la porte ! 문을 닫아!

2) ( ) du pain et du fromage ! 빵과 치즈를 사!

3) ( ) au professeur ! 선생님에게 전화하자.

4) ( ) vite ! 빨리 가세요!

4. 다음 ( ) 안에 알맞은 장소부사를 넣고 해석해 보세요.

1) La voiture est ( ) le parc. ~ 앞에

2) Le cahier est ( ) la table. ~ 아래에

3) Nous entrons ( ) la maison. ~ 안에

4) Il y a une montre ( ) le lit. ~ 위에

5) J' habite ( ) l' hôpital. ~에서 멀리 떨어진

Exercices

7) 중성대명사 / 근접미래 / 근접과거

1. 다음을 질문에 중성대명사 en을 넣어 대답해보세요.

1) Vous prenez du café ?

→ ______________________________

2) Elle a des livres en français ?

→ ______________________________

3) As-tu beaucoup d'amis ?

→ ______________________________

4) Il y a du lait dans le frigo ?

→ ______________________________

5) Combien de crayons as-tu ?

→ ______________________________

2. 다음 질문에 중성대명사 y를 넣어 대답해보세요.

1) Est-ce que vous allez souvent à Paris ?

→ ______________________________

2) Elle est à la cafétéria ?

→ ______________________________

3) Sont-ils chez eux ?

→ ______________________________

4) Vous achetez une jupe dans ce magasin ?

→ ______________________________

5) Tu travailles à la banque? (부정문으로 대답)

→ ______________________________

3. 다음 문장을 근접미래로 바꿔보세요.

1) Je vais au marché.

→ ______________________________

2) Tu finis tes devoirs à 7 heures.

→ ______________________________

3) Ils sortent le dimanche.

→ ______________________________

Exercices

4. 다음 보기를 보고 ( ) 안에 알맞은 단어를 넣어보세요.

allons	vient	va	venez

1) Il (   ) aller à la bibliothèque.

2) Vous (   ) de regarder un film français.

3) Nous (   ) passer un examen en octobre.

4) Il (   ) de se réveiller.

2. 작문

1. 인칭대명사 파트를 참고하여 다음 문장을 프랑스어로 써보세요.

1) 그녀는 잘 지내니?

→ ______________________________

2) 그런데 너는?

→ ______________________________

3) 나 역시 잘 지내.

→ ______________________________

■ 틀린 문장을 연습해 보세요.

Exercices

2. 동사 파트를 참고하여 다음 문장을 프랑스어로 써보세요.

1) 나는 7시에 스스로 일어난다.

→ ______________________________

2) 뽈(Paul)은 커피를 좋아한다.

→ ______________________________

3) 너는 리옹(Lyon)에 사니?

→ ______________________________

■ 틀린 문장을 연습해 보세요.

3. 품질형용사 파트를 참고하여 다음 문장을 프랑스어로 써보세요.

1) 나의 어머니는 아름답다.

→ ____________________

2) 나는 친절한 친구들이 있다.

→ ____________________

3) 그들은 내 강아지와 함께 걷는다.

→ ____________________

■ 틀린 문장을 연습해 보세요.

Exercices

4. 의문형용사, 지시형용사 파트를 참고하여 다음 문장을 프랑스어로 써보세요.

1) 당신은 어떤 꽃을 고르나요?

→ ______________________________

2) 너는 어떤 원피스를 좋아하니?

→ ______________________________

3) 그 남자는 항상 커피숍에서 공부한다.

→ ______________________________

■ 틀린 문장을 연습해 보세요.

5. 소유형용사 파트를 참고하여 다음 문장을 프랑스어로 써보세요.

1. 너희 집 앞에 레스토랑에 있다.

→ ____________________

2. 나는 내 친구와 함께 수영장에 간다.

→ ____________________

3. 내 친구는 그의 강아지와 함께 공원에 자주 간다.

→ ____________________

■ 틀린 문장을 연습해 보세요.

Exercices

6. 준조동사 파트를 참고하여 다음 문장을 프랑스어로 써보세요.

1) 너는 무엇을 먹고 싶니?

→ ________________________________

2) 나는 잘 익은 스테이크를 먹고 싶다.

→ ________________________________

3) 너는 피아노를 연주할 수 있니?

→ ________________________________

■ 틀린 문장을 연습해 보세요.

7. 근접미래, 근접과거 파트를 참고하여 다음 문장을 프랑스어로 써보세요.

1) 그녀는 방금 전에 숙제를 끝냈다.

→ ______________________________

2) 나는 친구와 함께 유행하는 신발을 살 것이다.

→ ______________________________

3) 이것은 얼마입니까?

→ ______________________________

■ 틀린 문장을 연습해 보세요.

IV. 정답

Exercices

1. 문법

2. 작문

Exercices

1. 문법

1) 명사 / 관사

1. 다음 남성 명사를 여성 명사로 바꿔보세요.

1) étudiant → étudiante
2) artiste → artiste
3) président → présidente
4) canadien → canadienne
5) ami → amie
6) russe → russe
7) coq → poule
8) boulanger → boulangère

2. 다음 명사에 해당하는 부정관사와 정관사를 넣어보세요.

1) un ordinateur, l'ordinateur
2) un cinéma, le cinéma
3) une table, la table
4) une école, l'école
5) un café au lait, le café au lait
6) des amis, les amis
7) une baguette, la baguette
8) une étudiante, l'étudiante
9) un japonais, le japonais
10) des femmes, les femmes

3. 다음 ( ) 안에 알맞은 정관사 축약을 넣어보세요.

1) Je vais (à l') hôtel.
2) Tu es (au) supermarché.
3) Nous allons (au) parc.
4) Vous allez (à la) banque ?
5) Ils sont (aux) Champs-Elysées.
6) Il va (à l') école.

4. 다음 보기를 보고 ( ) 안에 알맞은 부분관사를 넣어보세요.

du	de la	des	de l'

1) Tu as (de l') eau ?
2) Vous voulez (du) beurre ?
3) Elle veut (du) café.
4) Nous mangeons (des) fruits tous les jours.

5) J' ai (de la) chance !

2) 인칭대명사

1. 다음 빈칸에 주어인칭대명사와 강세형 인칭대명사를 넣어보세요.

	주어인칭 대명사	강세형 인칭대명사		주어인칭 대명사	강세형인칭 대명사
나는	je	moi	우리들은	nous	nous
너는	tu	toi	당신(들) / 너희들은	vous	vous
그는	il	lui	그들은	ils	eux
그녀는	elle	elle	그녀들은	elles	elles

2. 밑줄 친 부분에 해당하는 프랑스어 단어를 (   ) 안에 써보세요.

1) (Eux), (ils) vont bien. 그들, 그들은 잘 지낸다.
2) (Lui), (il) s' appelle Namsou. 그, 그는 이름이 남수다.
3) (Moi), (je) parle français. 나, 나는 프랑스어를 말한다.
4) (Nous), (nous) aimons Paris. 우리, 우리는 파리를 좋아한다.

3. 다음 밑줄 친 단어를 목적보어 인칭대명사로 바꿔보세요.

1) Il téléphone à son professeur. → Il (lui) téléphone.
2) Vous donnez la solution. → Vous (la) donnez.
3) Elle aime le chocolat. → Elle (l') aime.
4) Il achète le livre et le cahier.. → Il (les) achète.

4. 다음 질문에 알맞은 목적보어 인칭대명사를 넣어 대답해보세요.

1) Est-ce qu' il vous aide beaucoup ?
Oui, il m' aide beaucoup.
2) Est-ce qu' elle m' invite ?
Oui, elle t' invite.
3) Vous regardez la télévision ?
Non, je ne la regarde pas.

Exercices

3) 동사

1. 다음 (   ) 안에 알맞은 동사변화를 넣어보세요.

1) Tu (regardes) la tour Eiffel. ← regarder
2) Vous (chantez) bien. ← chanter
3) Il (travaille) avec Paul. ← travailler
4) Nous (étudions) le français. ← étudier

2. aller 동사를 알맞게 변형시켜 (   ) 안에 써보세요.

1) Moi, je (vais) bien.
2) Comment (vas)-tu ?
3) Vous (allez) bien ?
4) Il (va) bien.
5) Elles (vont) très bien.

3. avoir를 동사를 알맞게 변형시켜 보세요.

1) Il (a) un joli chat.
2) J' (ai) des amis.
3) Vous (avez) une jupe noire ?
4) Tes étudiants (ont) des livres.
5) Tu (as) une grande maison.

4. faire 동사를 알맞게 변형시켜 보세요.

1) Je (fais) du football.
2) Nous (faisons) du sport.
3) Elle (fait) de la natation.
4) Vous (faites) du piano.

4) 의문문 / 부정문 / 의문부사 / 의문대명사

1. 다음 문장은 의문문으로 바꿔보세요.

1) Vous parlez français.
→ Parlez-vous français ?

2) Elle s'appelle Ninon.
→ Est-ce qu'elle s'appelle Ninon ?

3) Il aime Paris.
→ Est-ce qu'il aime Paris ?

2. 다음 보기를 보고 ( ) 안에 해당하는 단어를 넣어보세요.

plus personne ne...ni...ni jamais pas

1) Il n'y a (personne) dans la rue. 거리에 아무도 없다.
2) Je ne parle (ni) anglais (ni) français. 나는 영어도 프랑스어도 못한다.
3) Elle ne fait (jamais) de sport. 그녀는 결코 운동을 하지 않는다.
4) Tu n'as (plus) de monnaie ? 너는 더 이상 잔돈이 없니?
5) Ils ne sortent (pas) le week-end. 그들은 주말에 외출하지 않는다.

3. 다음 보기를 보고 ( ) 안에 알맞은 의문부사를 넣어보세요.

pourquoi combien quand où comment

1) A: (Où) allez-vous ?
B: Je vais à Séoul.

2) A : Elle arrive (quand) ?
B: Elle arrive demain.

3) A: Vous avez (combien) de soeurs ?
B: J'ai une soeur.

4. 다음 ( ) 안에 알맞은 의문대명사를 넣어보세요.

1) (Qui) regardes-tu ? 너는 누구를 보니?

Exercices

2) (Qu'est-ce que) c'est ? 이것은 무엇입니까?

3) (Que) manges-tu ? 너는 무엇을 먹니?

4) (Qui) lit le journal ? 누가 신문을 읽니?

5) (Que) cherchez-vous ? 당신은 무엇을 찾으세요?

6) (Qu'est-ce qu') elle aime ? 그녀는 무엇을 좋아해요?

5) 형용사

1. 다음 남성 형용사를 여성 형용사로 바꿔보세요.

1) sociable → sociable
2) coréen → coréenne
3) heureux → heureuse
4) intelligent → intelligente
5) joli → jolie
6) honnête → honnête
7) gentil → gentille
8) mignon → mignonne
9) sympathique → sympathique
10) actif → active

2. 다음 형용사의 복수형을 써보세요.

1) rouge → rouges
2) sérieux → sérieux
3) nouveau → nouveaux
4) belle → belles
5) grande → grandes
6) gris → gris
7) content → contents
8) beau → beaux

3. 다음 ( ) 안에 알맞은 소유 형용사를 넣어보세요.

1) (ta) voiture 너의 자동차
2) (son) sac 그의 가방
3) (leur) crayon 그들의 연필
4) (ton) amie 너의 여자친구
5) (son) école 그녀의 학교
6) (sa) chambre 그의 방
7) (mes) étudiants 나의 학생들
8) (leurs) professeurs 그들의 선생님들
9) (son) gâteau 그녀의 케이크
10) (nos) chiens 우리들의 강아지들

4. 다음 〈보기〉를 보고 ( ) 안에 알맞은 의문형용사 또는 지시형용사를 넣어보세요.

quel quelle quels quelles ce cette ces cet

1) (Quel) acteur aime-t-elle ? 〈 의문형용사 〉

2) (Quels) livres veux-tu ? 〈 의문형용사 〉

3) (Quel) est le pantalon de Pierre ? 〈 의문형용사 〉

4) (Cet) homme est beau. 〈 지시형용사 〉

5) J' aime (cette) langue. 〈 지시형용사 〉

6) (Cette) robe est jolie. 〈 지시형용사 〉

6) 대명동사 / 준조동사 / 명령문 / 장소부사

1. 다음 ( ) 안에 해당하는 조동사의 변화형을 넣어보세요.

1) Ils (veulent) avoir des sacs noirs. → vouloir

2) Vous (devez) faire du sport. → devoir

3) Elle (peut) entrer dans la chambre. → pouvoir

4) Je (dois) étudier le français. → devoir

2. 다음 ( ) 안에 알맞은 대명동사의 변화형을 써보세요.

1) Je (me repose) chez moi. → se reposer

2) Elle (se couche) à 11 heures. → se coucher

3) Elles (s' aiment) beaucoup. → s' aimer

4) Tu (te promènes) avec ton chien ? → se promener

3. 다음 ( ) 안에 밑줄 친 단어의 명령형을 써보세요.

1) (Ferme) la porte ! 문을 닫아!

2) (Achète) du pain et du fromage ! 빵과 치즈를 사!

3) (Téléphonons) au professeur ! 선생님에게 전화하자.

4) (Allez) vite ! 빨리 가세요!

4. 다음 ( ) 안에 알맞은 장소 부사를 넣고 해석해보세요.

1) La voiture est (devant) la banque. ~ 앞에

2) Le cahier est (sous) la table. ~ 아래에

3) Nous entrons (dans) la maison. ~ 안에

4) Il y a une montre (sur) le lit. ~ 위에

5) J' habite (loin de) l' hôpital. ~에서 멀리 떨어진

Exercices

7) 중성대명사 / 근접미래 / 근접과거

1. 다음을 질문에 중성대명사 en을 넣어 대답해보세요.

1) Vous prenez du café ?
→ Oui, j'en prends.
2) Elle a des livres en français ?
→ Oui, elle en a.
3) As-tu beaucoup d'amis ?
→ Oui, j'en ai beaucoup.
4) Il y a du lait dans le frigo ?
→ Oui, il y en a dans le frigo.
5) Combien de crayons as-tu ?
→ J'en ai trois.

2. 다음 질문에 중성대명사 y를 넣어 대답해보세요.

1) Est-ce que vous allez souvent à Paris ?
→ Oui, j'y vais souvent.
2) Elle est à la cafétéria ?
→ Oui, elle y est.
3) Sont-ils chez eux ?
→ Oui, ils y sont.
4) Vous achetez une jupe dans ce magasin ? (부정문으로 대답)
→ Non, je n'y achète pas de jupe.
5) Tu travailles à la banque ? (부정문으로 대답)
→ Non, je n'y travaille pas.

3. 다음 문장을 근접미래로 바꿔보세요.

1) Je vais au marché.
→ Je vais aller au marché.
2) Tu finis tes devoirs à 7 heures.
→ Tu vas finir tes devoirs à 7 heures.
3) Ils sortent le dimanche.
→ Ils vont sortir le dimanche.

4. 다음 보기를 보고 (   ) 안에 알맞은 단어를 넣어보세요.

allons   vient   va   venez

1) Il (va) aller à la bibliothèque.
2) Vous (venez) de regarder un film français.
3) Nous (allons) passer un examen en octobre.
4) Il (vient) de se réveiller.

2. 작문

1. 인칭대명사 파트를 참고하여 다음 문장을 프랑스어로 써보세요.

1) 그녀는 잘 지내니?
→ Comment va-t-elle ?
2) 그런데 너는?
→ Et toi ?
3) 나 역시 잘 지내.
→ Je vais bien aussi.

2. 동사 파트를 참고하여 다음 문장을 프랑스어로 써보세요.

1) 나는 7시에 스스로 일어난다.
→ Je me lève à 7h.
2) 뽈(Paul)은 커피를 좋아한다.
→ Paul aime le café.
3) 너는 리옹(Lyon)에 사니?
→ Tu habites à Lyon ?

3. 품질형용사 파트를 참고하여 다음 문장을 프랑스어로 써보세요.

1) 나의 어머니는 아름답다.
→ Ma mère est belle.
2) 나는 친절한 친구들이 있다.
→ J' ai des amis gentils.

Exercices

3) 그들은 내 강아지와 함께 걷는다.

→ Ils marchent avec mon chien.

4. 의문형용사, 지시형용사 파트를 참고하여 다음 문장을 프랑스어로 써보세요.

1) 당신은 어떤 꽃을 고르나요?

→ Quelle fleur choisissez-vous ?

2) 너는 어떤 원피스를 좋아하니?

→ Quelle robe aimes-tu ?

3) 그 남자는 항상 커피숍에서 공부한다.

→ Cet homme étudie toujours dans un café.

5. 소유형용사 파트를 참고하여 다음 문장을 프랑스어로 써보세요.

1) 너희 집 앞에 레스토랑이 있다.

→ Il y a une voiture devant ta maison.

2) 나는 내 친구와 함께 수영장에 간다.

→ Je vais à la piscine avec mon ami(e).

3) 내 친구는 그의 강아지와 함께 공원에 자주 간다.

→ Mon ami(e) va souvent au parc avec son chien.

6. 준조동사 파트를 참고하여 다음 문장을 프랑스어로 써보세요.

1) 너는 무엇을 먹고 싶니?

→ Qu'est-ce que tu veux manger ?

2) 나는 잘 익은 스테이크를 먹고 싶다.

→ Je veux manger un steak bien cuit.

3) 너는 피아노를 연주할 수 있니?

→ Tu peux jouer du piano ?

7. 근접미래, 근접과거 파트를 참고하여 다음 문장을 프랑스어로 써보세요.

1) 그녀는 방금 전에 숙제를 끝냈다.

→ Elle vient de finir ses devoirs.

2) 나는 친구와 함께 유행하는 신발을 살 것이다.

→ Je vais acheter des chaussures à la mode avec mon ami.

3) 이것은 얼마입니까?

→ Ça coûte combien ?

V. 프랑스 산책

프랑스는 어떤 나라 일까요?

* 프랑스는?

프랑스는 서부 유럽에 위치한 육각형 모양의 나라입니다. 지중해와 대서양 사이에 있으며, 수도인 파리를 포함하여 리옹, 니스, 마르세유, 보르도, 스트라스부르, 등 주요도시들이 있어요.
북, 서부에는 넓은 평지가 펼쳐져 있고, 유럽에서 3번째로 큰 면적을 가진 나라입니다.

* 프랑스의 수도 파리(Paris)는?

Paris는 프랑스의 최대 도시이며 수도입니다.
20개의 구로 이루어져 있으며, 주요 명소로는 에투알 개선문, 노트르담 대성당, 루브르 박물관, 샹젤리제 거리, 에펠탑, 오르세 미술관, 뤽상브르 공원, 몽마르트 등 유명한 관광지들이 많이 있죠. 또한 정치, 문화, 경제 외교 등 여러 분야에서 전 세계적으로 영향력이 큰 도시예요. 빛의 도시라는 별명을 가진 파리는 예술과 패션의 유행에 선도적으로 앞서는 도시로서, 파리인을 지칭할 때 '파리지앵(Parisien)', 선진적인 문화인, 예술인이라는 뜻으로 쓰이기도 하죠.

* 프랑스의 몽셍미쉘(Le Mont-Saint-Michel)은 어디인가요?

몽셍미쉘은 프랑스 북서부 노르망디 해변에 뜬 작은 섬으로 유네스코 세계문화 유산으로 지정된 수도원입니다. 바위섬 꼭대기에 고딕과 로마네스크 양식으로 지어졌으며, 천사의 명을 받아 수도원을 건립(8C)했다는 전설이 있죠.

아브랑수성 오베르가 어느날 밤 꿈에 천사장 미카엘이 나타나 이 섬에 수도원을 지을 것을 명했다고 해요. 처음에는 이 계시를 무시했으나 재차 꿈속에 나타났고, 마지막에는 미카엘이 손가락을 내밀어 신부의 머리카락을 태웠다고 합니다. 꿈에서 깬 신부가 실제로 자신의 이마에 새겨진 구멍을 확인하고, 수도원 공사에 착수했다고 하네요!

* 프랑의 와인으로 유명한 보르도(Bordeaux)는 어디인가요?

프랑스 남서부에 위치한 보르도는 세계 최대의 고급와인 생산지입니다. 포도 재배 면적이 총 11만3천ha 로 프랑스에서 가장 많은 와인을 출하하는 곳이예요!
'보르도'라는 이름은 'Au bord de l'eau'(물 근처)라는 뜻으로 물의 거울 (물이 거울이 되어서 아름다운 풍경을 만듦) , 부르스 광장 (왕의 광장이며 장엄하고 우아한 18세기 프랑스 건축 양식을 볼 수 있는 대표적 장소), 보르도 대성당 (1998년 유네스코 세계 문화유산으로 지정된 성 안드레아에게 헌정된 가톨릭 교회) 등 유서 깊은 관광지가 있답니다.

물의 거울

부르스 광장

보르도 대성당

* 프랑스의 부야베스(Bouillabaisse)로 유명한 마르세유(Marseille)는 어디인가요?

마르세유는 프랑스 남부 프로방스 알프 코트다쥐르(Provence-Alpes-Côte d'Azur) 지방의 항구 도시로서 지중해에 접해 있습니다. 남프랑스 최대의 상업도시로서 무역항, 공업 도시 등 유럽 3위의 대규모 항구를 가지고 있어요. 노트르담 드라 가르드성당 (마르세유의 상징 건축물), 마르세유 구항구(기원전 6세기 그 역사의 시작점을 찾아볼 수 있는 곳)의 관광명소도 있답니다.

마르세유

* 프랑스의 산타마을로 유명한 스트라스부르(Strasbourg)는 어디인가요?

스트라스부르는 알자스-로렌 지역의 대표 도시입니다. 30년전쟁에서 승전한 프랑스가 신성로마제국으로부터 이 지역을 전리품으로 획득한 이후, 프랑스 땅이 되었다가 독일 땅이 되는 등 반복적으로 변경되다가 결국은 프랑스 땅이 되었지요. 그래서 이곳은 프랑스 문명과 독일 문명의 교차점이라고 할 수 있답니다.

특히 서양에서 처음으로 금속활자와 활판 인쇄술을 발명한 요하네스 구텐베르크가 이곳에서 살면서 활동하였고, 세계최초의 독일어 성경책을 찍어낸 곳으로 유명합니다. 따라서 당시 스트라스부르는 유럽 최고의 인쇄술의 중심지 역할을 하였고, 이것을 기념하기 위해 구텐베르크 광장이 있으며 동상도 있답니다. 노트르담 대성당 (빅토르 위고가 극찬한 700년의 긴 세월에 걸쳐 지어진 건축물), 쁘띠뜨 프랑스 (La Petite France) (스트라스부르의 대표적인 명소), 클레베르 광장 (세계문화유산으로 등재된 스트라스부르 중앙에 위치한 광장으로 산타마을로 유명함) 등의 관광명소가 있다.

노트르담 대성당

쁘띠프랑스

클레베르 광장

김선미

경기대학교 불어불문학과를 졸업하고 프랑스 국립 Aix-Marseille I 대학교에서 언어학 박사 학위를 받았다. 현재 경기대학교 글로벌어문학부 프랑스어문전공 교수로 재직 중이다.

저서로는『매일 프랑스어 일기쓰기』,『주제별 프랑스어 생활 작문』,『쉽게 익히는 프랑스어 회화』,『실용 프랑스어 쓰기와 실전』,『실용 기초프랑스어』이 있고, 공저로『거리에서 배우는 프랑스어』,『DELF A1, A2, B1, B2』,『매일 프랑스어 회화』,『매일 즐거운 프랑스어 문법』,『프랑스어 단어 표현집』,『매일 프랑스어 입문』,『The 바른 프랑스어』,『DELF A1 학습과 활용』 등이 있으며,『토끼와 나』,『몸의 시학』,『그림 형제 동화집』 등을 번역하였다.

우선주

경기대학교 서양어문학부(영어영문·불어불문 복수전공)를 졸업하고 연세대학교에서 언어학 석사학위를 취득하였다. 프랑스 빠리 10대학(Université Paris Nanterre)에서 박사과정을 수료한 뒤 연세대학교에서 언어학 박사학위를 취득하였다. 르노코리아 자동차 연구소에서 강의를 하였고, 현재 경기대학교와 연세대학교에 출강하고 있으며, 경기대학교 국제교육원에서 DELF 강의를 하고 있다.

원승재

현재 한국해군사관학교 사회인문학처 소속으로 외국어학부 에서 생도들에게 프랑스어를 교육하고 있다. 경기대학교 글로벌어문 학부 프랑스어 학과에서 강사로 겸직하고 있으며, 국제교육원에서 DELF를 강의하고 있다. 네이버, 삼성, SPC, 한섬 본사에서 기업출강으로 프랑스어 강의를 하였고, 경기도 인력개발원에서 지원하는 훔런교육방송과 ECK교육에서 인터넷 강의를 하였다. 공저로『The 바른 프랑스어』,『DELF A1 학습과 활용』,『기본실전 프랑스어』를 출간하였다.

신나는 프랑스어

초판 1쇄 발행 _ 2023년 2월 28일

공　저 · 김선미 · 우선주 · 원승재
발행인 · 정 현 걸
발　행 · 신 아 사
인　쇄 · 토탈프로세스 / 한승
주　소 · 서울특별시 은평구 통일로 59길 4 (2층)
전　화 · (02) 382-6411 팩스 · (02) 382-6401
홈페이지 · www.shinasa.co.kr
E-mail · shinasa@daum.net
출판등록 · 1956년 1월 5일 (제 9-52호)

ISBN : 979-11-92428-50-5 (93760)

정가 16,000원